PASSAGES FOR TRANSLATION FROM ITALIAN

EDITED BY

R. N. L. ABSALOM

Lecturer in Modern Languages
Cambridgeshire College of Arts and Technology

CAMBRIDGE
AT THE UNIVERSITY PRESS
1969

Published by the Syndics of the Cambridge University Press
Bentley House, 200 Euston Road, London N.W.1
American Branch: 32 East 57th Street, New York, N.Y. 10022

Library of Congress Catalogue Card Number: 67-12843
Standard Book Number: 521 09431 3

First published 1967
Reprinted 1969

First printed in Great Britain
at the University Printing House, Cambridge
Reprinted by photolithography in Great Britain
by Bookprint Limited, Crawley, Sussex

PREFACE

Translation from one language to another is still generally regarded not only as an essential part of learning a language in itself, but also as the most convenient and effective way of testing both a student's active skill in handling the structures of a foreign language and the extent of his passive acquaintance with its idioms and vocabulary.

Modern approaches to language-instruction, however, tend to minimize the role of translation in the early stages in order to develop fluency in handling the everyday oral forms of the language. Their aim is less to enable the student to 'think in the language', as is commonly supposed, than to condition him to react with stock responses to stock linguistic situations without having to think. Few language-teachers who have followed the debate about the validity of the new methods would now dispute the general desirability of such a tendency.

Nevertheless, students who proceed, for whatever reasons, beyond the requirements of basic conversational responses to a fairly limited range of situations inevitably reach a stage of learning a language where translation *as a separate skill* needs to be practised. Such skill becomes necessary when translation is a means of exchanging intellectual concepts or factual information in whose formulation and expression precision and clarity are essential. Having learnt to make competent, colloquial translations of unimpeachable accuracy, the student may at a later stage reach a point in his training as a linguist where his skill tends to become an art, where his range must extend over all the resources, rational and emotive, of his own and the second language and where he may be required to attempt the most demanding task of all, equivalence of effect.

The passages in this book are designed to provide the raw material, and some initial guidance, for students seeking to develop their skills progressively in the translation of Italian into English. The selections are arranged specifically to meet the needs of such examinations as 'O' and 'A' level in the General Certificate of Education, and of students beginning degree courses in Italian. Italian students beginning translation from their own language into English will also find the collection useful.

All the passages in this collection are modern and as far as possible they have been chosen so that their interest as linguistic exercises is matched by their intrinsic interest as subject-matter. Many are taken from past examination papers, and where this is so the attribution is given; many others are drawn from contemporary or recent Italian fiction, from articles in serious journals dealing with literature and the arts, from articles in the better Italian newspapers and magazines, by well-known writers and journalists, on topics of general interest to the modern reader. Some are taken from articles dealing with the wider aspects of developments in science and technology. In general an attempt has been made to choose passages which would seem to the modern student 'worth reading' in any language, and the great majority have been tested in this way over the last few years.

The passages are graded in approximate order of difficulty, the grading being based on an estimate of degrees of difficulty in vocabulary, syntax, style and subject-matter. Since the passages have not, however, been written to a specific plan, but are simply representative examples of modern Italian prose, the book should be regarded rather as a convenient store of typical material than as a 'course' designed to cover in a systematic way all the divisions of grammar. The latter concept can only apply at a rather lower level of knowledge: this book is primarily for students who have absorbed all the most important aspects of Italian and English grammar and now require a balanced diet of 'natural' rather than 'synthetic' linguistic material.

R. N. L. A.

Cambridge

CONTENTS

INTRODUCTION

'Il me semble que le traducteur et le plénipotentiaire ne sauraient bien profiter de tous leurs avantages, si leurs pouvoirs sont trop limités...'

(PIERRE COSTE, translator of Locke's *Essay on Human Understanding*, 1700)

The general principles of translation

There is no scope for any extended discussion of general principles in this introduction, for the criteria by which translations may be judged derive from such wide considerations of language and literature. It may be helpful, however, to have in mind, when we approach the specific problems of a passage to be translated, two general yardsticks by which any translation must, at least in part, be judged. These are accuracy and euphony.

In translation of any kind, accuracy is paramount. It requires us to convey in our version every particle of meaning contained in the original, and to convey it in such a way that the balance of emphasis (the 'tone') of the original is also reproduced. We should not, of course, interpret 'accuracy' too narrowly, seeking a precise equivalent for every noun, pronoun, adjective, verb, etc., for languages are not machines, and the result would not be accuracy but nonsense. Our accuracy must be sophisticated and this requires, in particular, that the 'unit of meaning' should be a flexible concept: though we can sometimes match word for word or idiom for idiom, we very often have to be prepared for units of meaning larger and more complex than these: whole sentences, perhaps, or in extreme cases whole groups of sentences. Consider for example *Se l'è cavata con una gamba rotta.* Quite clearly the unit of meaning here is not the word: 'He has drawn it out to himself with a broken leg' is complete nonsense. If we know the idiom *cavarsela*, we can make that our unit. Thus: 'He has got away with a broken leg.' This makes sense, but nevertheless it is not really English yet. It might even be ambiguous. Only if we use the *whole* concept as the unit of meaning here, can we make a really satisfactory translation: 'He has got off with nothing worse than a broken leg.'

Here we have had to introduce words which are entirely lacking in the original, but we now have an English version which conveys to an English reader the whole meaning and implication that the original version conveys to an Italian.

To see accuracy in such terms is, of course, not to exclude a narrower application of it in the quest for *le mot juste*: the unit of meaning often *is* the word or short phrase, and we must ensure that we use its precise equivalent.

By the term 'euphony', in this context, we mean those aspects of a language which must be taken into account whenever we speak or write, but which are not going to affect a reader's or listener's mere comprehension of the meaning. Euphony is primarily a judgement of what 'sounds like English' or 'sounds right', and the phrase itself is significant, for it is only by testing our words against our aural discrimination that we can say whether they satisfy this requirement. What is euphonious, in this sense, is not necessarily 'pleasant (sweet)-sounding': it may be harsh, or deliberately, brutally discordant. But if we remember that words have a dimension of *sound* as well as one of *meaning*, it will usually help us to find the best way of translating a particular phrase. Once again, we must not neglect the lowest level of euphony, and we should be careful to avoid such obviously unpleasant and unintentional effects as the close repetition of the same sound or even of whole words, or the inadvertent use of distracting rhyming or metrical effects. None of these are very common, but a single example may ruin a whole paragraph.

The technique of translating a passage

Translating in its highest form may indeed be an art, but even then it must have a firm foundation in good 'technique'. Without mastering the elements of the one it is a hopeless task to attempt the other.

The first tool of the translator is the dictionary, and much of the technique of translation lies in knowing how to use it to the best advantage. At the levels of skill required to translate the passages in this book, a good English–Italian and Italian–English dictionary is indispensable. A number of satisfactory dictionaries are now available, and a list is given at the end of this Introduction. In addition, particularly for the passages in the second half of the book, it would be helpful to be able to refer for meanings, synonyms and usage to such standard English-language reference books as the *Shorter* (or *Concise*) *Oxford Dictionary*, *Webster's Dictionary*, *Roget's Thesaurus*, and Fowler's guides to usage.

A dictionary, however good, can never be a conjuror's hat for the translator: it is a tool, and one cannot go beyond the possibilities inherent in its design. Dictionaries are primarily concerned with recording the meanings of individual words. (The better ones also go some way towards recording the commoner idiomatic meanings of short phrases, but no dictionary is, nor perhaps could it be, exhaustive in this respect. As far as the English and Italian languages are concerned there are no phraseological dictionaries in existence.) Dictionaries, however, tell us scarcely anything about how words can be put together, and therefore they cannot help us to answer the question: does *this* way of putting it *sound* like English?

Often, of course, we are in no doubt about the answer to this question: it seems obvious, probably because we have somewhere heard or seen an example of the usage, that it sounds right. An English student translating these passages into his own tongue can nearly always, provided he pays attention to them, find adequate solutions to such problems. His main task is to be aware of the resources of his *own* language. For an Italian student, the problem is much more complex. What he needs above all, when he doubts the propriety of a word or phrase, is the patience to check all its components back to his own language through the other half of his dictionary, and to check them also through his Oxford Dictionary and even, when a point of grammar or syntax is involved, with Fowler. In this way he will be able to assemble much more evidence in connexion with the words in question and will have a better chance of finding a satisfactory solution.

To understand that to look a word up in one's dictionary and to find another word given as its meaning is only to have taken the first step towards a translation, is the beginning of wisdom. In a good dictionary, most non-technical words have more than one meaning against them. Which one is chosen must depend on a deep awareness of the whole context: this means that the passage as a whole must first have been read and properly understood. For the English student tackling these passages it will usually be clear at once which of the entries to choose, but the Italian student may often be in doubt, and only the patient cross-checking outlined above can help him.

Even the limited help available from a dictionary will be diminished if the translator does not know the idiom of lexicography: the signs and abbreviations, the punctuation that separates entries, all have important messages for the translator, and the first thing he should do when he has bought a new dictionary is to settle down for an hour and make himself thoroughly familiar with these aspects of it: the lexicographer's introduction will usually be very helpful in this.

Relatively few of the passages in this book are strictly 'technical' in character, but many of the descriptive passages deal with a particular setting (e.g. agriculture; town-planning; motoring) which requires a partly specialized vocabulary. In these circumstances it is often useful to have a pictorial dictionary (some ordinary dictionaries now have pictorial sections) in which one can check up on the names of specific objects or parts of objects.

Where translation of dialogue is necessary, it is essential to use spoken rather than written forms: the contracted forms of

English negatives (can't, won't, don't, etc.) are one obvious example, but the process of colloquialization goes much deeper than this and, for the Italian student in particular, the best means to proficiency is regular, wide reading of contemporary conversational English of the sort much in evidence in the better-quality detective stories. Warnings are usually issued about the use of slang, but in modern writing it is often used for deliberate effect (e.g. in Pavese) and the translator must not be afraid to grasp the nettle. When a recognizably slang expression is used, the best translation is usually the boldest: *L'hanno fatto fuori* should become 'He's been done in' rather than the pallid 'They have killed (murdered) him'.

The character of a language is largely contained in its store and use of idioms: English is a notoriously idiomatic tongue, Italian slightly less so. Nevertheless, most idioms found in Italian have obvious equivalents in English and these must always be sought and tested before the translator resorts to mere interpretation or explanation of the original. *Mettiamoci una pietra sopra* can be explained: 'Let's forget all about it' (or 'Let's put it behind us') or translated: 'Let's let bygones be bygones.'

A good dictionary will have the correct English idiom: if we can find it, we should use it. If, however, we cannot find an exact equivalent (and there may not be one) we must resort to interpretation, i.e. finding as concentrated and idiomatic an expression as we can for the *notion or concept* contained in the original. In this way the tone of the original can still be partially conveyed. If we simply explain, as in the first example, we are betraying the writer's intention.

The importance of translating idioms with idioms is not hard to establish. Often, however, the student's hardest task is to recognize an idiom in the foreign language when he sees one. Its presence is usually suspected when a literal translation seems to make less sense than usual. Experience is the only real guide, but the student should organize his experience rather than allow it to remain fragmentary and diffuse: it is a good plan to keep a personal alphabetical register of idioms and their equivalents as they are met in translation or reading. This not only serves as a supplement to dictionaries, but—more important—it trains one to spot the idiom even when it is unfamiliar, for many common idioms can be seen to fall within a relatively restricted number of types, e.g. those incorporating the pronoun *la* when it has no particular meaning: *cavarsela*, *passarsela*, *spassarsela*, *godersela*, *prendersela*, etc., or the many idiomatic expressions found with common verbs like *fare*, *sapere*, *sentire*, etc.

Finding equivalent idioms is one part of translation which clearly goes beyond the requirement of literal accuracy: it is part of the translator's attempt to preserve not only the meaning but also the effect of the original. Another important aspect of this process of matching the tone of the translation is the correct choice of vocabulary. In a light-hearted passage we must obviously avoid pedantic or pompous expressions; in a sermon or editorial (often surprisingly similar) we must avoid detracting from the gravity of the occasion. We must also go beyond such general prescriptions for, particularly in English, there are numerous subtle shades of meaning expressed by the synonyms of common words, particularly adjectives and adverbs. For *triste* a dictionary gives the English words: sad, sorrowful, grieved, gloomy, depressing. Which of these is meant will depend entirely upon the context: merely to choose the first meaning is often to make a fool of oneself.

We have seen that it is sometimes necessary to expand a proposition in order to translate it: equally, however, the reverse may be true. Redundancy is one of the commonest pitfalls in translating from Italian into English, for English in general prefers a more direct and pithy expression of the same notion: *Non mi risulta* says the Italian clerk, looking down the list; his English counterpart says: 'It's not here.'

A redundancy in translation may occur not only in the form of a superfluity of words but also, as we may see in the last example, in an emphasis which is alien to the customary turn of speech required by a particular situation. It may occur in either language. The only way to avoid these pitfalls is to remind ourselves constantly of the differences imposed upon basically similar situations by dissimilarity of geography, climate, custom, religion, superstitions and so on; in short, by the whole range of variations between the physical and cultural being of two countries. If, for example, we have to deal with a passage describing the cashing of a cheque, we must remember that the procedure in Italy differs from that common in England: if the *gettone* used in Italy is mentioned, we must do something more than translate it mechanically with the word 'token' or 'counter': we may have to introduce an adjective, or even a descriptive clause, to make the significance of the word clear to an English reader.

We quite frequently meet examples of phrases or sentences which, although correctly translated from the point of view of accuracy and even of tone, still seem, in the circumstances of the passage, to be awkward. This awkwardness may in fact be due to completely non-linguistic considerations: to differences in taste—good or bad—between English and Italian writers. Obvious situations of this kind are when we have to translate passages concerning the exchange of intimate sentiments, or passages in which oaths or swearing are used. How far should the translator go in such instances in mediating the awkwardness? Inevitably, if he attempts to do so, the result will be a form of periphrasis: interpretation rather than translation. In general it is better not to stray too far or too often from the original. The least informed English reader of an Italian text translated into English will be aware that Italians are in some ways unlike himself and are likely to react differently to some of life's experiences. An Italian may declare his love with the words *Ti voglio bene*, and we should, of course, translate this by the English 'I love you'. But what of *Mamma mia!* or *Madonna!* or *Principone!* (Lampedusa) or even *Accipicchia!*? In such cases, periphrasis is inevitable unless the context permits us (with *Mamma mia!* for example) to leave the phrase untranslated as a piece of local colour.

Generally speaking, the more colloquial and conversational the language of the original, the more necessary it becomes to consider periphrasis as an alternative to direct translation—this is especially so in dealing with those modern writers who imitate a naturalistic type of spoken dialogue:

'Sei sciupatina, come mai?'
'Ho il cimurro, ti garba?'
'Chissà chi te l'ha attaccato.'
'Oh, non certo tu, sarei sempre capace di farti il panierino. Ti saluto.'
'Ciao, manidifata. E se stasera vedi Bob riveriscilo da parte mia.'
(Pratolini)

An attempt to translate this sort of thing directly is almost bound to be unsatisfactory, if not meaningless:

'You are a little run down, how does that come about?'
'I have distemper, does that suit you?'
'Who knows who gave it to you.'
'Oh, certainly not you, I would always be able to get your lunch-basket off you. Good-bye.'
'Good-bye, fairy-hands. And if you see Bob this evening, give him my respects.'

One simply has, in such cases, to take one's courage in both hands and paraphrase in an equally colloquial manner:

'How come you're so down in the mouth?'
'I've got the distemper, if it's any business of yours.'
'Must have got it from someone, I'll be bound.'
'Well, it wasn't you, that's for sure. I could beat you to a lad any time. Bye-bye.'
'Bye, honeybun. And if you see Bob tonight, do give him my kind regards.'

Fortunately, cases where such extreme freedom of translation is needed are fairly rare, but the example given will indicate what a change can be made by the imaginative use of periphrasis. Another example from Pratolini:

'Mettigli in testa di avere dei segreti.' E a me: 'Su, a letto, si consuma la luce.'
Il babbo si alzò, disse: 'Io esco.'
'Ecco la speranza,' disse la nonna. 'È nel vino, la tua speranza. Qui a due passi.'
'Forse,' rispose il babbo. 'E un po' più in là anche.'

'Putting ideas into his head. Secrets, indeed!' And then she added to me: 'Come on now, to bed. We're wasting the light.' My father got up: 'I'm going out.'

'Ay, that's your hope. The pub. That's where your hope is. Just a few doors away.'

'Maybe you're right. And maybe it's a bit further afield.'

In many examinations the use of a dictionary is not permitted. For those accustomed to total reliance on one, the experience is apt to be very painful: it is a good plan to allow oneself adequate practice in doing unseen translations before sitting such an examination. The problem that immediately arises is: What should one do when one meets a word that one cannot translate from a sure familiarity with its meaning? Many students despair and leave a blank space, a habit which is quite likely to antagonize the examiner. Not only will one be penalized for not knowing the meaning of that particular word, but one may also lose marks for writing a sentence lacking in some essential component. Let us suppose we are ignorant of the meaning of the verb *accadere*. If we translate: 'Nel corso della giornata *mi accadeva* spesso di pensare ad Olga' by 'During the course of the day it .... to me often to think of Olga', we shall probably be penalized on both counts. If, however, we use our ingenuity a little and make an intelligent guess on the basis of those elements in the sentence of which we are sure (course of day—often—thinking—Olga,) we shall be able to produce something like: 'During the course of the day I often thought of Olga.' This makes a perfectly good sentence in itself, and it makes sense in the context. It might even be better than a more literal translation from a student who knew *accadere* means 'to happen': 'During the course of the day it often happened that I thought [or "it happened to me to think"—even worse!] of Olga.' Such awkward phrasing should of course be avoided. A more skilful translation would be: 'During the course of the day I would often find myself thinking of Olga.'

What conclusions can we draw from such instances? Simply, that what is most important to a good translation is not a mechanical acquaintance with the lexical meanings of single words, but a concern with, and an ability to produce, meaningful and fluent utterances in the language of the translation. Not only may we guess in examinations, but we must do so—in an intelligent way. If there is a word or words in a sentence which we do not know, we should take those *notions* (not the words in themselves) that we *can* detach from it and construct with them an utterance which seems meaningful and probable in the circumstances of that particular context. We shall be penalized for our ignorance: but we shall be penalized even more for not making sense.

When the language of the translation is not our own (i.e. for Italian students attempting the passages in this book) the process of 'intelligent guesswork' is slightly different. The original will not deceive us, but we may not know the English equivalent of the words of our own language. Our object, of course, remains the same: the production of a meaningful utterance appropriate to the context, but our analysis must begin with the Italian. Let us suppose that we do not know the English equivalents of the words *nocche* and *in punta di piedi*, and that we must translate, for example: 'Adesso ero io a bussare con le nocche ai vetri della finestra di Marisa, ed essa veniva ad aprirmi la porta in punta di piedi . . .' It is quite clear that *bussare con le nocche* is not very much different from *bussare* alone, and therefore a simple omission of the words would not be out of the question. *In punta di piedi* is a set phrase, and if we do not know 'on tiptoe' we should ask ourselves what the implications of Marisa's actions were: it is clear at once that she did not wish to be heard opening the door, and a quite acceptable alternative might thus be 'opened the door to me as quietly as she could' or 'opened the door to me very very quietly'.

Our method is that of simplification of the concept; it is usually idiomatic locutions which give the Italian student trouble, and these can nearly always be simplified and generalized so that we can convey their meaning within a quite limited English vocabulary.

Translation of names

Some students find difficulty with these. The best rule is to leave all place-names in Italian except those that have a well-known English form (Rome, Turin, Tiber, Leghorn, etc.). With personal names and titles the best rule is also to leave well alone: do not attempt to translate names like Giovambattista or Giovacchino, nor titles like marchese, conte, cavaliere, commendatore or even plain Don and Donna. In simple pieces with a setting that is not specifically Italian there is no objection to the translation of the commoner Christian names, though there is usually no need for it.

Background reading

For students of Italian who have gone beyond an elementary stage, familiarity with the flavour and phrasing of current colloquial Italian is of great value. Such background knowledge can best be acquired by frequent, though not necessarily prolonged, reading of Italian newspapers and magazines. For those who at first find it difficult to follow an extended argument in Italian, it is a good plan to find the same topic dealt with in one of the better English papers and read about it in one's own language first. Similarities and differences in linguistic approach will then be immediately apparent. When doing this type of reading in Italian, it is best not to look up any words, but simply to try to absorb the gist of a story from what one does know of the language. The regularity and frequency of the exercise are far more important than a concentrated study of prose that is seldom likely to be of lasting interest or value. For Italian students, naturally, the converse is equally true and indeed this type of summary reading is of even greater value when one is tackling translation out of one's own language.

The peculiarities of the Italian and English languages in relation to the techniques of translation

Italian and English have rather more in common than do English and French but, in general terms, the types of discrepancies, false friends and common pitfalls the student is likely to meet when translating from Italian to English are very similar to those met with when translating from French. They may best be dealt with under the headings of Vocabulary, Syntax and Style.

Vocabulary

The problems here derive largely from the different histories of the two languages. While both share a stratum of vocabulary deposited by the influence of classical studies from the Renaissance onwards, they differ in the fact that the older bedrock layers of English stem from the Germanic family of languages and from Norman French, while their equivalents in Italian come mostly from the Vulgar Latin family with some Greek and Near-Eastern additions. Difficulties also arise from the fact that a generally accepted 'Standard English' has existed for at least three centuries and that dialect forms are virtually excluded from it, while no such situation exists for Italian, which even today is still coexistent with dialects which are virtually autonomous languages. Consequently it remains highly unstable and even artificial in its vocabulary.

In practice, this often means that while Italian, like English, will have more than one word for the same object, unlike English, it is not expressing any subtle differences thereby. Which word an author uses may depend more on the dialect he is familiar with than on any careful discrimination between shades of meaning. It is perhaps the uncertainties arising from this lack of a clearly apprehended standard of 'rightness' in the language which give rise to the wide exploitation of the resources of augmentative, diminutive, affectionate and pejorative forms in Italian. At all events, the student should be constantly aware of the relative poverty of Italian noun forms and the relative richness of the variations permissible on the basis of a single noun. It is also well to remember that most dictionaries do not give these variants unless, by long usage, they have acquired a special technical meaning: *panca* = 'bench', but *panchina* (or *banchina*) = 'platform' (railway) or 'dock'—something in fact *larger* than the original object, the diminutive sense of *-ina* having disappeared completely.

Such discrepancies as these between English and Italian vocabulary-formation make it necessary in many cases to translate one Italian word by two or more English words (characteristically noun+adjective, verb+adverb) and conversely to translate two or more Italian words by one English word. Consider the difference between, for example, *fischiare* and *fischiettare*: in English this could only be expressed by adding some adverbial expression, e.g. 'to whistle *in snatches*', depending on the context. By way of contrast, consider how one might translate *andar carponi*: here English possesses a verb ('to crawl') which requires no adverb to make the meaning clear: it would usually be wrong, therefore, to translate *andar carponi* by 'to go (along) on one's knees' or even by 'to go on all fours', since the verb 'to crawl' exists to express precisely this idea.

Another common contrast of vocabulary patterns is found with the many English verbs which can assume secondary meanings by the addition of a preposition: go, go in, go on, go to, go off, etc., etc. The temptation, when translating from Italian verbs which have meanings equivalent to such expressions, is to find an English verb (usually having a more pedantic, literary flavour) closely corresponding to or matching the Italian. For example:

entrare: 'to enter' instead of 'to go in(to)'
continuare: 'to continue' instead of 'to go (keep) on'
avvicinarsi: 'to approach' instead of 'to go up to'
alterarsi: 'to deteriorate' instead of 'to go off (bad)'
ripassare: 'to revise' instead of 'to go over'
accompagnare: 'to accompany' instead of 'to go with'

If one adds to the possibilities of such patterns with the verb 'to go' those associated with verbs like 'put', 'set', 'do', 'make', 'come', to mention only the most obvious, one will see quite clearly how much scope this feature of English gives for bad translation. It is almost always preferable in English to use the verb + preposition construction, and a moment's reflexion on such matters may improve a poor translation almost out of recognition. A few Italian verbs allow of similar constructions (*andar su*, *venir giù*, *passar vicino*, etc.) but most do not. In this connexion it is worth remembering, too, that many English verb + preposition patterns can only be translated into Italian by the use of two verbs or by a verb + adverb or gerund:

to run out: *uscire correndo (di corsa)*
to fly away: *partire volando (di volo)*
to steam in: *entrare sbuffando*

However, the awkwardness, in many cases, of such expressions in Italian often leads an author to leave the matter entirely to the reader's imagination: *L'uccello partì* (though *volò via* might be used); *Il treno entrò nella stazione*. In such cases the English version will sometimes sound more natural if the full meaning is restored: 'The bird flew away' (rather than 'went away'); 'The train steamed in' (rather than 'came in').

The verb in general is more important in Italian than in English. Modern English throws more and more weight on nouns, on abstract nouns especially; Italian inherits from Latin a preference for more concrete expression through verbs. Often an expression whose main component in Italian is a verb is best translated by an English expression based on the use of nouns:

Stabilirono d'incontrarsi
They arranged *a meeting*.

Quanto si spende per entrare?
What is the *price* of *admission*?

C'è da ridire?
Any *complaints*?

Nel suo libro si rispecchiano le condizioni ...
His book is a *reflexion* of the conditions ...

Baretti molto potè a diffondere la conoscenza ... (Praz)
In the *diffusion* of this knowledge Baretti's *influence* was important ...

The contrast is of course not absolute. In any given example one could probably use English verbs and Italian nouns. But the tendency of Italian is to favour verbs: a normal passage will contain more verbs than the corresponding English. In translation from Italian, therefore, one should be prepared to transform verbs fairly readily into nouns.

Many foreign words have now been accepted into Italian but surprisingly often they change their meanings upon doing so: when in doubt, it is always well to check such words with a good Italian dictionary of usage such as Gabrielli's *Dizionario Linguistico Moderno*. One will not then mistranslate, in one's turn, such Italian words as 'golf', 'tight' (or 'tait'), 'smoking', 'speaker', 'toast' and so on, originally borrowed from English, French and other languages.

Syntax

The main significant differences between Italian and English syntax lie in the field of word-order. They do not generally furnish such complexities as we have found in comparing the idiosyncrasies of vocabulary in the two languages, but we may often find that quite a small change in word-order produces a dominating effect on the page. The principal areas of danger are:

(*a*) *inversion* of subject and verb in
(i) questions (rare in Italian, usual in English),
(ii) after 'only', 'scarcely', 'never' and similar restrictive adverbs (usual in English, impossible in Italian);

(*b*) *absence of inversion* (in English) where Italian frequently requires or permits it:
(i) for emphasis (very frequent in Italian both spoken and written),
(ii) with certain adverbial or pronominal expressions:

Tutto ciò che aveva di bello
Tutto quanto di bello sperava e di brutto temeva
Poco ci rimise e molto ne ricavò
Ma Dante ad altro ricorre.

Note that English sometimes disguises or suspends an inversion for emphasis by using the word 'there': 'There came a time . . .', 'There seemed to me to be . . .' Italian easily gives the same order without inserting anything: *Venne un tempo . . .*, *Mi sembrò . . .*

Style

The question of emphasis by syntactic means leads us naturally to consider the different conditions of 'good style' in Italian and English. By and large, Italian is still rather more influenced by the models of classical rhetoric (not necessarily bad models, of course) than is English, probably because there is a much greater traffic between the written and spoken forms in English, where dialect influence is virtually extinguished and the written language need not struggle so hard to distinguish itself from the spoken.

This tendency to construct elaborately monumental 'periods' is particularly noticeable in Italian critical writing. Compare this sentence from a modern critic of Dante in Italian

> Anche gli elementi della molteplice cultura dantesca, letteraria, filosofica e scientifica, non si riducono quasi mai a spunti inerti e di mera decorazione; si inseriscono naturalmente nel contesto narrativo, arrichiscono la sottile trama di un linguaggio che si rinnova di continuo imprevedibilmente, suscitano illuminanti similitudini, conferiscono all'invenzione e alla resa evidentissima degli spettacoli infernali e paradisiaci

with a passage of equal length from an English counterpart:

> Le Sette Giornate del Mondo Creato is not a great poem. It is clear that Tasso had not at this time—perhaps he had not at any time—the power to wield the style he had evolved. The grandeur of manner and language is not matched by a true greatness of mind in the poet. His handling of the theme of the Creation is without system or clarity. Long and rich descriptions are mixed with moral platitudes and undigested natural history.

These two passages are sufficiently typical for some conclusions to be drawn by translators about to tackle language used as in the first example. The Italian consists of a single long, fairly elaborate thesis, followed by a series of contrapuntal antitheses, echoing one another's structure in a typically rhetorical manner. The English is made up of five separate statements, the last four of which are an effort to elucidate in different ways the basic idea expressed in the first. It is beyond the scope (and possibly the mandate) of the average translator to attempt so to recast the manner of the Italian as to produce something in the manner of the English example, but, in practical terms, it is worth remembering that a translation may often improve out of all recognition if an overlong sentence (overlong in English, of course) is broken into more manageable lengths, and that *on occasion* it is possible to make a passage of elaborate Italian much more readily comprehensible to an English reader if the order of the ideas is slightly rearranged. It is usually better to err on the side of caution in these matters, but if, when we have tried all the other resources of the translator's craft, we still find the result too awkward, too little resembling our ideal of good English, then we may consider whether some modification of the style is permissible and advisable.

Occasionally one encounters examples of truly inflated style in Italian: in such cases of blatant pedantry (a vice not uncommon among Italian journalists) the English version will tend to become drastically shorter, particularly if the use of the double qualification (the meaningless accumulation of virtually synonymous adjectives and adverbs) is much in evidence. This is not a situation the student is likely to meet in the passages in this book.

It will be clear from what has been said that mechanical translation of a word-for-word type is almost never enough: even if we decide upon the most direct and obvious translation of the words before us (which is often the best way), we should only do so *after* considering the alternatives to directness. But what of examinations—and examiners? Will they not expect from us a closeness to the text, a rigour of phrasing and style which this Introduction has condemned? The answer is almost certainly 'No'. Examiners today look in the work of candidates for an awareness of what is being said as well as how it is said. They require fluent comprehension of the original language, fluent composition in the second. A minority of the marks they award will be given for 'mere comprehension': the majority are reserved for evidence that the language of the translation is being used correctly and, where applicable, eloquently. No unit of meaning must be taken from or added to the original and no change should ever be made *for its own sake*, for we are not expected to improve on the original as a piece of reasoning or description or narrative, but with these reservations we should allow the spirit of the language of translation to permeate and direct the way in which particular problems are met and solved. To translate well, we must not only know the foreign language concerned, we must also know our own.

Note. Differing systems of accentuation and some variations in spelling are common in Italian literature, and I have retained each writer's own preferred system.

DICTIONARIES AND WORKS OF REFERENCE LIKELY TO BE OF VALUE TO STUDENTS

Dizionario Inglese–Italiano/Italiano–Inglese, ed. Hazon (Garzanti). There are two sizes of this dictionary: the larger one is naturally better for students preparing for 'A' level and above.

Cassell's Italian Dictionary (Cassell). The best of the cheaper dictionaries. Other dictionaries are *not* recommended for everyday use, though Barbara Reynolds's *The Cambridge Italian Dictionary* is very valuable for reference.

Frederic J. Jones: *A Modern Italian Grammar* (University of London Press). A useful reference grammar with explanations in English.

Battaglia and Pernicone: *La Grammatica Italiana* (Loescher, Turin). A standard work; in Italian.

Vocabolario della lingua italiana, ed. Zingarelli (Zanichelli, Bologna). A good Italian dictionary: a smaller paperback version costing relatively little also exists.

Dizionario Linguistico Moderno, ed. Gabrielli (Mondadori, Milan). A well-made dictionary of grammar and usage in Italian, roughly equivalent to Fowler's works in English.

Shorter Oxford English Dictionary (Oxford).

Concise Oxford English Dictionary (Oxford).

Fowler: *The King's English* (Oxford).

Fowler: *Modern English Usage* (Oxford).

Roget's Thesaurus of English Words and Phrases (various versions).

ACKNOWLEDGEMENTS

Thanks are due to the following for permission to reproduce copyright material:

Publisher	Author	Title	Number
Einaudi	I. Calvino	*Fiabe italiane*	24
Einaudi	I. Calvino	*Fiabe italiane*	29
Einaudi	I. Calvino	*Fiabe italiane*	35
Garzanti	M. Soldati	*I Racconti*	49
Feltrinelli	M. Venturi	*Vacanza Tedesca*	70
Mondadori	V. Brocchi	*Lastrico dell'Inferno*	73
R.A.I.	D. Provenzal	*Curiosità e capricci della lingua italiana*	75
Il Ponte	E. Terracini	*Diario consolare*	78
Vallecchi	F. Tozzi	*Le bestie*	80
Corriere della Sera	F. Pastonchi	article	83
Mondadori	U. Fracchia	*Genti e scene di campagna*	85
Tumminelli	T. Rosa	*Paesi con figure*	87
Mondadori	G. Piovene	*Pietà contro pietà*	88
Feltrinelli	G. T. di Lampedusa	*Il Gattopardo*	89
Einaudi	C. Levi	*Cristo s'è fermato a Eboli*	90
Mondadori	V. Pratolini	*Il quartiere*	91
Feltrinelli	M. Venturi	*Vacanza Tedesca*	104
Mondadori	V. Brocchi	*Lastrico dell'Inferno*	106
La Stampa	C. Moriondo	article	109
Epoca	P. Gentile	article	113
Corriere della Sera	—	article	115
Corriere della Sera	E. Ferrieri	article	117
Mondadori	M. Moretti	*I coniugi Allori*	119
Garzanti	M. Soldati	*I racconti*	121
Il Ponte	E. Terracini	*Diario consolare*	125
Epoca	D. Bartoli	article	127
Mondadori	G. Civinini	*Odor d'erbe buone*	133
Corriere della Sera	G. A. Borgese	article	135
Mondadori	V. Brocchi	*Il posto nel mondo*	139

Publisher	Author	Title	Number
Mondadori	M. Bontempelli	*Il buon vento*	141
Bompiani	A. Moravia	*Disubbidienza*	143
Feltrinelli	O. Cecchi	*Prima di giorno*	145
Corriere della Sera	G. Caprin	article	147
Mondadori	C. Pavese	*La Bella Estate*	149
Corriere della Sera	—	article	151

Acknowledgements are also due to the following Examining Bodies for permission to use translations set by them in the past:

Associated Examining Board for nos. 1, 3.
Institute of Linguists for nos. 2, 6, 12, 13, 14, 15, 16, 31, 34, 36, 62, 63, 65, 66, 68, 71, 77, 81, 93, 95, 98, 103, 114, 123, 132, 136.
University of London Schools Examination Board for nos. 4, 7, 8, 9, 10, 17, 18, 22, 26, 28, 44, 46, 50, 99, 101, 105, 110, 137.
University of Cambridge Examinations Syndicate:
General Certificate of Education, nos. 5, 11, 19, 21, 23, 25, 27, 30, 32, 33, 37, 38, 39, 40, 41, 42, 43, 45, 47, 51, 52, 53, 54, 55, 56, 57, 58, 59, 60, 61, 64, 67, 69, 96, 107, 112, 118, 122, 124, 128, 130.
Cambridge Lower Certificate of English, nos. 48, 72, 74, 76, 79, 82, 84, 86, 92, 94, 97, 100, 102, 108.
Cambridge Certificate of Proficiency in English, nos. 131, 134, 138, 140, 142, 144, 146, 148, 150, 152.
Joint Matriculation Board for nos. 20, 111, 116, 120, 126, 129.

PASSAGES FOR TRANSLATION

1

Un vecchio professore stava sempre nel suo studio a leggere e a scrivere e non si ricordava dell'ora dei pasti se non lo venivano a chiamare. Si raccontano stranissimi casi della sua smemorataggine, i quali dimostrano fino a che punto giungesse la sua distrazione.

Una volta doveva assistere a una importante seduta di cerimonia, e siccome ci teneva tanto,[1] egli disse alla serva:

'Spolveratemi ben bene il mio miglior vestito nero, per piacere.'

Egli fece la toletta con la maggior cura possibile, e, guardandosi nello specchio, gli parve di esser perfettamente in ordine e pronto ad uscire. Appena uscito di casa, però, incontrò un amico il quale lo fermò e gli fece osservare che non si era messa la cravatta, e che sebbene portasse il cappello alto e molto elegante e i guanti grigi, portava le pantofole!

'Ma guarda che cosa strana! Ero sicuro di essermi messo le scarpe!' rispose il vecchio.

Un'altra volta, quando gli si chiese il biglietto in treno, il professore non riuscì a trovarlo e il controllore, che lo conosceva bene, gli disse:

'Be', non importa! son sicuro che lei ha pagato il biglietto!'

'Ma, importa molto,' rispose il professore, 'perchè se non trovo il biglietto, come faccio a sapere[2] la mia destinazione?'

1. *siccome ci teneva tanto* 'as he was very keen on going' 2. *come faccio a sapere* 'how on earth can I tell'

2

Benchè l'estate non sia ancora terminata, gli albergatori francesi hanno già fatto un consuntivo[1] delle entrate, concludendo che la stagione turistica, dal punto di vista commerciale, è stata assai magra. La causa contingente[2] di questo bilancio negativo è senza dubbio il maltempo che ha imperversato durante tutto il mese d'agosto.

Molti villeggianti rientrano col viso scarsamente abbronzato e con una certa amarezza per le vacanze sciupate in parte. Taluni albergatori, dal canto loro, parlano di 'disastro' e denunciano il fenomeno del turista che si ferma pochi giorni in albergo per far subito le valigie e trasferirsi in altro luogo. A detta degli albergatori questa abitudine si sta generalizzando.

1. *un consuntivo*, often *un bilancio consuntivo* 'a final balance-sheet'
2. *la causa contingente* 'the immediate cause'

3

Paolo, ragazzino di cinque anni, fece all'improvviso un grido acuto e cadde in terra, pallido come un morto; il padre, che stava un po' indietro, corse subito a suo figlio e domandò, cercando di alzarlo:

'Che cosa è stato? Che c'è?'

Il figlio, tutto tremante, accennava con una mano. Il babbo si volse e fu in tempo a vedere una vipera che si allontanava fra l'erba; cercando di nascondere la sua paura, egli domandò:

'Ti ha morso?'

'Sì, qui in una gamba,' rispose il poverino.

Il padre guardò la ferita e, senza esitare, fece distendere in terra suo figlio e, accostando la bocca alla ferita, succhiò con tutta forza. Poi, prese un fazzoletto, e avendolo strappato, legò strettamente la gamba al di sopra e al di sotto della ferita e portò il ragazzino alla strada ad aspettare che passasse una macchina per accompagnarlo all'ospedale.

I medici dissero al padre che si era esposto a un grave

pericolo, perchè il veleno poteva entrargli nel sangue, ma che aveva certamente salvato la vita al figliuolo.

Il babbo rispose con un sorriso:

'Lo so, ma non c'era tempo da perdere, e poi, in tali circostanze, trattandosi[1] della vita di mio figlio, certo, non pensavo ad altro!'

1. *trattandosi* 'since it was a matter'

4

Giovanni era un grazioso ragazzo di tredici anni, figlio di un impiegato ferroviario che avendo molta famiglia e poco stipendio viveva nelle strettezze. Il padre pretendeva molto in quello che toccava la scuola, perchè il figliuolo doveva mettersi in grado di ottenere presto un impiego per aiutare la famiglia, e per valer presto qualche cosa gli bisognava faticare molto in poco tempo.

Il padre era avanzato negli anni e il troppo lavoro l'aveva anche invecchiato prima del tempo. Però, per provvedere ai bisogni della famiglia, pigliava ancora dei lavori straordinari[1] di copista e passava una parte della notte a scrivere il nome e l'indirizzo degli abbonati a una rivista mensile. Un giorno egli disse a pranzo che si sentiva tanto stanco e allora Giovanni gli disse:

'Babbo, lasciami lavorare invece di te; tu sai che scrivo come te, tale quale.' Ma il padre rispose:

'No, figliuolo, tu devi studiare e la scuola è più importante del lavoro che faccio di notte; ti ringrazio, ma non lo voglio.'

1. *straordinari* 'extra'

5

Una vecchia signora, avendo bisogno di una donna di servizio, pregò per lettera una amica, che stava in una città vicina, di mandarle la sua; quest'amica doveva abbandonar l'Italia tra poco. La risposta non si fece aspettare, e fu affermativa.

La ragazza venne, si presentò alla signora timidamente,

aveva un bel sorriso, piacque, si accordarono. Si chiamava Camilla. Non era bella, ma simpatica; un po' pallida e malinconica; sorrideva solamente quando le parlavano, come per dovere di cortesia. Ogni giorno si mostrava più diligente, più dolce. La signora non faceva che lodarsene e compiacersene con parole entusiastiche, di che il marito soleva canzonarla.

Una sera tutta la famiglia era raccolta nella sala da pranzo, e Camilla seduta in un canto. Era notte avanzata; chi leggeva, chi scriveva,[1] nessuno parlava; non si sentiva fiatare.[2] Sul terrazzino c'eran dei vasi di fiori; e solo il rumore delle foglie scosse dal vento, e i rintocchi lontani di una campana turbavano quel silenzio. A un tratto s'udì in una stanza accanto un colpo forte come di cosa pesante caduta dall'alto, e insieme un acutissimo grido. Quasi nello stesso punto un altro grido, più acuto del primo, proruppe dalla bocca di Camilla. La signora, il marito, i figliuoli, senza badare a lei, corsero nell'altra stanza.

1. *chi leggeva, chi scriveva* 'some were reading and some were writing'
2. *non si sentiva fiatare* 'you could have heard a pin drop'

6

I due giovani si comportavano con una tale modestia che la madre valutò anche la parte bella[1] di quell'unione, un matrimonio veramente d'amore, con un giovane che mai sarebbe stato egoista, mai avrebbe urtato quella sua figlia che sapeva difficile, ombrosa, capace di divenire caparbia. E così la madre a volte si trovava a vagamente sorridere, era punta da una commozione quando scopriva che Teresa, lei che non si era mai dedicata alle faccende domestiche, furtivamente stirava una camicia di Adriatico, usava per lui delle attenzioni che le ricordavano i tempi del suo fidanzamento. Quel dopopranzo a sentir da Teresa annunciare la gita, di nuovo le sfuggì un indulgente sorriso e non ebbe tempo a far altro commento, che già Teresa era corsa a vestirsi.

1. *valutò la parte bella* 'appreciated the good side'

7

A Milano, due poliziotti facendo servizio notturno, trovarono addormentato su d'un banco un ragazzo magro e pallido dai capelli folti e neri. Scuotendolo per un braccio, essi gli domandarono il nome e l'indirizzo: il ragazzo rispose che si chiamava Segantini e che era scappato di casa due giorni prima. Credendo che fosse un vagabondo, le guardie lo portarono in questura, perchè a parte il freddo, era pericoloso per il ragazzo star fuori di notte in una grande città e poi[1] era proibito di dormire sui banchi.

Qualche giorno dopo, il ragazzo fu ricoverato in un ospizio dove si sentiva molto triste. Questo pittore in germe era tutt'altro che un vagabondo: figlio d'un falegname, la madre morì quando egli era ancora bambino ed era diventato orfano a tredici anni dopo la morte del padre ucciso in un incidente stradale. Egli fu trattato male dalla zia, la quale non solo non gli dava abbastanza da mangiare, ma di notte lo chiudeva a chiave in una cantina.

1. *poi* 'anyway'

8

Vinto dalla commozione, Carlo sentì un rumore nella stanza accanto, quella che dava sull'orto. Tese l'orecchio e il rumore si ripetè; la nonna lo sentì pure ed essa domandò, dopo un momento: 'Che cos'è?'

'È la pioggia,' mormorò il ragazzo.

Un nuovo rumore leggiero lo interruppe mentre stava per dire qualche cosa e aggiunse:

'Ma non mi pare la pioggia . . . vado a vedere!'

La vecchia afferrò Carlo per la mano, dicendogli:

'No, resta qui!'

Rimasero tutti e due col respiro sospeso e poi ebbero un brivido, perchè all'uno e all'altra era parso di udire dei passi nella stanza vicina.

'Chi c'è?' domandò il ragazzo, raccogliendo il fiato a fatica.

Siccome nessuno rispose, Carlo, agghiacciato dalla paura, rifece la domanda, ma appena ebbe pronunciate quelle parole, tutt'e due gettarono un grido di terrore. Due uomini erano balzati nella stanza; l'uno afferrò il ragazzo, premendogli una mano sulla bocca, l'altro strinse la vecchia alla gola.

9

Tre studenti che avevano dato gli esami di laurea[1] alla fine del quarto anno, facevano il pranzo d'addio e uno di essi ebbe l'idea di rinnovare il pranzo vent'anni più tardi.

'Che giorno è oggi? Ah, è il giorno di San Giovanni. Ebbene, carissimi amici, mettiamoci d'accordo! da qui a vent'anni in questo luogo, a quest'ora, ciascuno di noi ritorni[2] qui e il pranzo di oggi sia[2] rinnovato.'

Fu chiamato l'oste che era padrone e cuoco e lavorava in grembiulone e berretto di carta presso il forno, lì, in vista del pubblico. Gli studenti gli dissero:

'Ecco, questo è il conto del pranzo che ci hai dato. Da qui a vent'anni, per la notte di San Giovanni, tu preparerai lo stesso pranzo.'

'E ci sarà ancora l'osteria del Pappagallo?' domandò Paolo.

'Volete che non ci sia più?' disse l'oste. 'Ci sarà finchè esiste quest'università!'

'Ebbene,' disse Manlio, 'ecco i danari per il pranzo da qui a vent'anni.'

L'oste volle suggellare il patto con il dono d'una bottiglia.

1. *dato gli esami di laurea* 'taken their finals' 2. *ritorni . . . sia . . .* subjunctive of suggestion—'Let each of us return', 'Let today's dinner be'

10

Egli fece girare il disco e dall'altoparlante uscì la voce di Gemma, un poco timida in principio, poi sempre più franca e con molta espressione.

'Bella voce!' disse il direttore e i tecnici lo confermarono.

Ascoltammo attenti tutta la canzone e la trovammo dolcissima e graziosa. Dopo l'ultima nota avremmo voluto congratularci con la ragazza, ma prima che potessimo dire una parola, si udì dall'altoparlante la sua voce che continuava:

'Chi sa come sarà riuscito?'

Questo ci divertì molto, ma Gemma, mortificatissima, si rivolse allo zio Enrico per chiedergli:

'Ma come è possibile questo?'

'Hai detto queste parole prima che si spegnessero le luci,' spiegò lo zio sorridendo. 'Il microfono era ancora in comunicazione col disco.'

'Meno male che non è un disco per la vendita!' disse sorridendo il direttore, 'ma è riuscito benissimo!'

'Ma i dischi per la vendita si fanno nello stesso modo?' chiese Alberto.

'Si,' spiegò il direttore. 'Si fanno così, ma non di cera, perchè avrebbero brevissima durata. Si fa perciò di questo disco di cera una copia esatta in rame. Da questo secondo disco di metallo, si possono trarre quante copie si vogliono: sono i dischi che suoniamo a casa nostra.'

11

Era una notte senza luna, con un debole lume di stelle. Le porte si erano chiuse, all'ultimo barlume di luce.

La mattina seguente un bosco di Filippo Mezzatesta prese fuoco, ed egli uscì sulla terrazza a guardare. Gli portarono una sedia, e si mise a osservare come andava il fuoco e il fumo, spostato appena da qualche alito di vento, come se fosse troppo denso. Poggiava i pugni grossi sul davanzale e gridava a chiunque passasse: 'Aiuto, non lo vedete che brucia lassù? Quello è il bosco mio.' Ma nessuno gli dava retta. Gli sembrava che il paese intero gli volgesse le spalle, e avesse piacere a vederlo disperarsi. Alla sera ci volevano non meno di cinquanta persone a tentare di fermare quel fuoco. Lui protestava che avrebbe pagato. Ma gli rispondevano 'Poteva pagare prima.'

'E che cosa faccio io per i pascoli quest'anno? E che do da mangiare alle bestie?' I pastori arrivarono dicendo che avevano potuto salvare il bestiame portandolo dall'altro versante.

12

Tutti debbono lavorare. È un discorso serio che ti faccio,[1] bambino mio, perchè il lavoro è una cosa dura.[2] Io non ti dirò, come quelli che ripetono le frasi fatte: — 'Il lavoro nobilita l'uomo.' 'La fatica rende più buono il pane guadagnato col sudore della fronte,' e così via. No, caro; l'arte di Michelaccio[3] piacerebbe a tutti. Al bambino piace sempre giocare. Si distrae a veder volare una mosca; anche gli uomini desiderano qualche volta partecipare al gioco dei bimbi. L'uomo era nato per godersi il sole, stendersi sotto una pianta, e altre cose del genere. Ma egli peccò, e il Signore gli disse: — 'Tu lavorerai.' Allora fece di necessità virtù, e disse: — 'Se non lavoro, non mangio. Se non lavoro peserò sugli altri ed essi mi cacceranno via come un cane.'

1. *è un discorso serio che ti faccio* 'it's no laughing matter' 2. *una cosa dura* 'a tough business' 3. *l'arte di Michelaccio* 'loafing about' (The popular saying is: *L'arte di Michelaccio — Mangiare bere ed andare a spasso.* The name Michelaccio comes from the beggars who haunted the medieval sanctuaries of St Michael in Brittany, the Gargano and elsewhere)

13

Il Comitato Nazionale Energia Nucleare è stato accusato di aver sperperato il pubblico denaro in centrali elettronucleari inutili, o superate, e di avere, comunque,[1] male amministrato i fondi che lo Stato gli ha fornito. La prima accusa cade da sola quando si rifletta che i compiti che la legge ha affidato al Comitato sono quelli di promuovere e compiere studi e ricerche sperimentali nel campo dell'energia nucleare.

Nel settore della ricerca scientifica vera e propria, che per sua natura è economicamente passiva,[2] ed intimamente legata

1. *comunque* 'in any case' 2. *economicamente passiva* 'an economic liability'

ad elementi imponderabili, soltanto un gruppo di scienziati di alto valore potrebbe essere in grado di stabilire, dopo alcuni mesi, se certi esperimenti, magari costosissimi, erano ragionevoli o frutto di capricci e di concezioni strampalate.[3]

3. *concezioni strampalate* 'outlandish notions'

14

La mattina seguente egli si levò tardi, dopo aver dormito come un ghiro.[1] Si buttò addosso gli indumenti e poi scese in fretta, a pigliare il caffè. Poi uscì. Ma appena fuori, esitò circa la direzione da prendere. Quattro strade, che facevano crocicchio a pochi passi dalla casa, gli si offrivano ugualmente diritte, soleggiate, bianche di polvere; tre si stendevano per il piano e una montava verso le colline. Prese quella. Era la prima volta che si trovava in quei luoghi e voleva afferrarne l'aspetto dall'alto. Traversò un gruppetto di catapecchie sulle cui porte c'erano donne sedute che lo guardavano passare con gli occhi pieni di meraviglia, e subito arrivò in piena campagna. La giornata era superba. Chiusa fra il muro e la siepe fiorita di biancospini e di rose selvatiche, la strada s'arrampicava, e man mano che egli saliva, il paese gli si allargava dietro, come un'immensa arena piena di sole.

1. *come un ghiro* 'like a top'

15

Io giunsi al villaggio sul fare della notte.[1] Per strada, discorrendo coll'autista, avevo appreso che la padrona della locanda era una vecchia zitellona sospetta di stregoneria, tanto che nessuna ragazza, per bisognosa che fosse,[2] era rimasta a lungo come domestica nella sua casa. Non che fosse bisbetica o manesca; al contrario, amava soccorrere le miserie dei compaesani e tutto il villaggio era indebito con lei. Ma il suo

1. *sul fare della notte* 'at nightfall' 2. *per bisognosa che fosse* 'however needy she might be'

aspetto era così rigido e severo e così immobile a fissare lontano le cose che non si vedono! Di più, nella casa, c'era una stanza dove non era entrata mai anima viva, e dove tutte le sante notti[3] dell'anno, il lume rimaneva acceso fino alla mattina. Gli anziani del paese raccontavano che anche quando era giovane e bella da dipingere, essa aveva l'occhio vitreo e l'orecchio sempre teso ad ascoltare le 'voci'.

3. *tutte le sante notti* 'every blessed night'

16

Il giorno in cui quel pesantissimo blocco di granito doveva essere finalmente posto sulla nuova base, la piazza era affollata. Il lavoro appariva molto difficile, e affinchè gli operai che lo eseguivano potessero metterci tutta la loro attenzione,[1] il Papa ordinò, sotto pena di morte, un assoluto silenzio agli spettatori. Ad un tratto le corde, per mezzo delle quali veniva sollevato l'obelisco egiziano, cominciavano a cedere e parve dovessero rompersi. Nel silenzio della folla ansiosa, un uomo osò gridare 'Acqua alle funi!' Il consiglio fu seguito, le corde bagnate si contrassero, e l'obelisco fu eretto sulla sua base.

Il bravo[2] spettatore fu condotto davanti al Papa, e mentre tutti credevano che sarebbe stato severamente punito, ricevette invece il grado di capitano onorario e il privilegio per sè e per i suoi discendenti di mandare ogni anno al Vaticano da San Remo, sua patria, le palme che servono per le funzioni della Settimana Santa.

1. *potessero metterci tutta la loro attenzione* 'might keep their whole mind on it' 2. *bravo* 'bold'

17

È un arboscello che si copre di un'infinità di fiorellini bianchi. I fiori danno frutti che hanno il colore e la grossezza delle ciliege, ciascuno dei quali contiene due chicchi, che vengono chiamati comunemente chicchi di caffè.

Si racconta[1] che la virtù del caffè fosse scoperta proprio per caso. Un pastore arabo aveva notato che ogni volta che le sue capre pascolavano sopra una certa montagna coperta di piante di caffè, ritornavano la sera all'ovile tutte arzille e gaie, e durante la notte, invece di dormire, facevano salti e balletti. Un giorno, un monaco, suo vicino, si lamentò del sonno che lo pigliava sul far della sera. Allora il pastore gli consigliò di masticare chicchi di caffè; il monaco gli dette retta e raccontò a tutti il gran segreto.

1. *si racconta* 'the story goes'

18

Il vecchio maestro inclinò un momento la testa bianca sopra la spalla di mio padre e mi diede una stretta di mano. Eravamo entrati nella stazione e il treno stava per partire.

'Addio, maestro!' disse mio padre.

'Grazie, addio, addio!' rispose il maestro, prendendo colle sue mani tremanti una mano di mio padre e stringendosela al cuore. Mio padre mi spinse nel vagone e al momento di salire, levò rapidamente il rozzo bastone di mano al maestro e gli mise invece il suo col pomo d'argento e le sue iniziali, dicendo:

'Lo tenga per mia memoria!'

Il vecchio tentò di renderlo e di prender il suo, ma mio padre era già dentro e aveva richiuso lo sportello.

'Addio, mio buon maestro!'

'Addio, caro!' rispose il maestro mentre il treno si moveva, 'e Dio la benedica per la consolazione che ha portato a un povero vecchio.'

'A rivederci!' gridò mio padre con voce commossa, ma il maestro scrollò il capo come per dire: 'Non ci rivedremo più.'

'Sì, sì,' ripetè mio padre, 'a rivederci!' e quegli rispose alzando la mano tremula al cielo e disparve al nostro sguardo.

19

Alcuni giorni fa un'aquila affamata era scesa dalle cime del Gran Paradiso verso i villaggi e sfiorò con le sue ali aperte più di due metri un'auto che saliva verso Cogne. I passeggeri ne furono molto spaventati. Ma come poi dissero i guardacaccia, l'aquila era così sfinita che non avrebbe avuto la forza di aggredire nessuno. Andò a battere contro un abete e cadde a terra. Quelli tremavano di terrore mentre lei moriva di fame. I guardiani la raccolsero alcune ore dopo, e facendo uno strappo[1] alla regola del Gran Paradiso, secondo cui la natura non dev'essere alterata dall'uomo ma lasciata alle sue leggi anche crudeli, le diedero da mangiare. Dopo il pasto l'aquila riprese il volo.

1. *facendo uno strappo* 'making an exception'

20

Se aveste incontrato Michelangelo per le strade di Firenze o di Roma, avreste visto un uomo dalla statura mediocre, dagli occhi infossati, dagli zigomi sporgenti, dal naso alquanto schiacciato e dalla barba rada, brizzolata, che gli dava uno strano aspetto quasi caprino.

Quell'uomo, senza apparenza, era dotato di un'energia terribile. Chi lo vide scolpire dice che martellava il marmo con furore, da far temere[1] che spaccasse il blocco. Il suo scalpello dava scintille, e le scaglie cadevano grosse.

Vedeva con la mente d'aquila la statua viva nell'aspro involucro minerale e l'andava liberando con quei colpi, la traeva alla luce come una gemma prodigiosa.

Il suo genio infondeva forma e vita alla materia bruta. Si racconta che Michelangelo, quand'ebbe compiuto il *Mosè*, lo guardasse a lungo ed esclamasse quasi con ira: 'Perchè non parli?'

1. *con furore, da far temere* 'so wildly as to make one afraid'

21

Passando un giorno davanti a un'agenzia di collocamento mi fermai a leggere, più per curiosità che per altro, gli annunci contenuti in una tabella appesa fuori dell'uscio e vidi che si cercava un professore disposto ad aiutare una signorina con la preparazione degli esami. Deciso,[1] entrai nell'ufficio. Chiesi l'indirizzo della studentessa che aveva pubblicato quel-l'annuncio e mi presentai a lei e a sua madre. Le due donne mi accolsero come un salvatore. Il tempo degli esami stringeva,[2] l'urgenza era grande da ambo le parti, e non fu difficile intenderci su tutto. Infine, si venne al compenso, e mi si offrirono duecento lire, cifra enorme in quegli anni, per uno che si trovasse nelle mie congiunture.[3]

1. *deciso* 'resolutely' 2. *il tempo degli esami stringeva* 'little time was left before the exams' 3. *nelle mie congiunture* 'in my predicament'

22

Bisogna sapere che ero giunto da un lungo viaggio: mia mamma sapeva che dovevo arrivare e mi aveva ammannito uno di quei desinarini come sanno fare le mamme: vivande condite con amore!

Che piacere ritrovarsi in casa propria dopo tante notti passate negli alberghi! che gioia poter stendere le gambe sotto il proprio tavolo, su cui pende la solita lampada: e le stoviglie vi danno il benvenuto.

La cucina era in festa: e il focolare splendeva vivamente. Quando non ci sono io, un pentolino basta per la mamma e per la fantesca. Al pentolino bada il gatto e la fantesca dice le sue orazioni.[1]

Ma quel giorno ero venuto io e la cucina era in festa. L'arrosto girava sul treppiede; la pentola bolliva con

1. *al pentolino bada il gatto e la fantesca dice le sue orazioni* 'the cat licks the pan so clean that the maid need never give it a thought'

allegro borbottìo, gli aridi tralci crepitavano e anche il sole s'era messo d'accordo ché, dopo tanti giorni di pioggia, riluceva.

23

Paolo era partito la mattina all'alba. D'un tratto il suo piccolo cavallo si fermò e sollevò la testa nervosa. Un sentiero s'apriva a destra dello stradale polveroso, e serpeggiava lungo i fianchi della grande vallata. La luce dell'aurora illuminava dolcemente il paesaggio. La valle era tutta scavata nel granito; muraglie di roccie, edifizi strani, colonne naturali, cumuli di pietre, che sembravano monumenti preistorici, sorgevano qua e là, resi più pittoreschi dal verde delle macchie dalle quali erano circondati. Il letto di un torrente, tutto di granito, d'un grigio chiarissimo, solcava la profondità verdognola della valle. Montagne bianche e azzurre chiudevano l'orizzonte. In lontananza, ai piedi della montagna boscosa, dalla quale scendeva direttamente la valle, si vedeva il villaggio, bianco e nero tra il verde delle macchie.

24

C'era una volta un branco di ochine che andavano in Maremma a far le uova. A mezza strada una si fermò. — Sorelle mie, devo lasciarvi. Ho bisogno di far subito l'uovo, fino in Maremma non ci arrivo.

— Aspetta!

— Trattienilo!

— Non ci lasciare!

Ma l'ochina non ce la faceva più. S'abbracciarono, si salutarono, promisero di ritrovarsi al ritorno, e l'ochina s'inoltrò in un bosco. Ai piedi d'una vecchia quercia fece un nido di foglie secche e depose il primo uovo. Poi andò in cerca d'erba fresca e acqua limpida per desinare.

Tornò al nido a tramonto di sole, e l'uovo non c'era più. L'ochina era disperata. Il giorno dopo, pensò di salire[1] sulla

1. *pensò di salire* 'she decided to climb'

quercia e fare il secondo uovo tra i rami, per metterlo in salvo. Poi scese dall'albero tutta contenta, e andò a cercare da mangiare come il giorno prima. Al ritorno l'uovo era scomparso. L'ochina pensò: 'Nel bosco dev'esserci la volpe, che si beve le mie uova.'

Andò al paese vicino e bussò alla bottega del fabbro ferraio.

— Signor fabbro ferraio, me la fareste una casina di ferro?

— Sí, se tu mi fai cento coppie d'uova.

— Va bene, mettetemi qui una cesta, e mentre voi mi farete la casina, io vi farò le uova. (*I. Calvino*)

25

Francesco sedette in una delle grandi poltrone di cuoio ch'erano presso la finestra, intorno a un basso tavolino di mogano; lì in un angolo erano il telaio e la scatola della lana con cui suo fratello si dilettava spesso a intrecciare tappeti. Egli era un uomo di varie qualità e di varie abilità, nessuna delle quali escludeva il buon gusto e la pazienza; musicista coltissimo, stava da anni scrivendo un libro di storia; acquerellista, dipingeva quadretti che poi mandava in dono ai suoi molti amici inglesi residenti in Italia; curava le orchidee di cui aveva, nelle sue serre, delle specialità assai rare. Era colto soprattutto di studi storici e politici.

Viveva con giudizio, studiava, dipingeva con metodo. Aveva quarantacinque anni ma ne dimostrava una decina di più, forse perchè i suoi capelli erano bianchissimi.

26

Nel suo silenzio sdegnoso Carlotta rifletteva sull'incomprensione degli adulti; nemmeno sapevano che enorme rinunzia le chiedessero. Finchè andava su e giù dal collegio e seguitava gli studi per diventare maestra, Carlotta s'era sentita molto al di sopra delle antiche compagne della scuola elementare. S'era sforzata di distinguersi da loro nel vestire, nella parlata, con un orgoglio fierissimo della sua posizione sociale. Non le doleva lasciare gli studi, per i quali non aveva o almeno non sentiva interesse. Ma ridursi a servire i clienti dietro al banco della drogheria, come uno dei commessi che aveva sempre trattato da padrona, con puerile arroganza, la faceva sudar freddo nell'immaginazione.[1] Si vedeva intenta a incartocciare caffè o fagiuoli secchi per qualcuna delle sue coetanee, le più povere, quelle che le mamme mandavano a bottega con la sporta, che le avevano inspirato sempre una compassione sprezzante.

1. *la faceva sudar freddo nell'immaginazione* 'the mere thought brought her out in a cold sweat'

27

Cominciò a nevicare, fittamente, a falde lunghe e larghe che parevano petali di fior di mandorlo. Le montagne della costa sparvero tutte sotto la curva bianca dell'orizzonte; le roccie, i cespugli, il bosco, la capanna ricevevano in silenzio la neve continua, fitta, infinita; i belati dei capretti tremolavano ancor più lamentosi.

Basilio scese di corsa la china attraverso il fitto volteggiar della neve, e giunto ove[1] le capre col vello coperto di nevischio si ostinavano a roder i cespugli, spinse su i pochi capretti, conducendoli al riparo. I capretti salirono saltellando, belando e improntando il leggero strato di neve con le loro zampette; e introdotti nel riparo si affacciarono tutti all'apertura, uno sul collo dell'altro, graziosi, bianchi e neri, coi grandi occhi

1. *giunto ove* 'reaching the spot where'

languidi e dolci. Basilio tornò nella capanna; il gatto dormiva, la lepre fissava sempre un punto lontano, il cane, fermo sull'apertura, abbaiava contro le falde di neve che l'aria gli sospingeva sul muso.

'Non sarà oggi che zio Pietro risalirà quassù,' pensò Basilio; e vedendo la neve ingrossarsi si gettò sul capo il gabbano, prese la scure e tornò fuori. Se n'andò nel bosco a tagliar rami con le cui fronde alimentar il gregge durante la nevicata. Nel gran silenzio del luogo il picchiar della scure echeggiò sordamente.

28

Erano ormai arrivati ai piedi della salita che li avrebbe condotti al passo di Baire, millecinquecento metri più in su. L'aria che entrava dai finestrini aperti si era un po' rinfrescata ed Elena si volse a frugare nella sua valigia, appoggiata sul sedile posteriore, per trarne fuori un maglione. La manovra non era molto facile perché la strada montava in curve sempre più strette, che Giancarlo prendeva a viva andatura, ed Elena era sballottata qua e là e doveva reggersi con una mano allo schienale del suo sedile. Quando ebbe tirato fuori il maglione e richiuso la valigia, cominciò un'altra complicata manovra per infilarselo nel ristretto spazio dell'automobile, senza disturbare Giancarlo o dargli delle gomitate.

Per qualche istante Elena rimase con la testa rinchiusa all'interno del maglione attraverso cui trapelava una luce giallastra. Il vento non le carezzava più il viso: dentro il maglione faceva caldo.

Fu quasi a malincuore che si decise a spingere la testa attraverso lo scollo, e le braccia, con precauzione, dentro le maniche. Si ravviò i capelli con le mani e guardò ancora una volta la strada che adesso saliva in linea retta e diventava sempre più ripida.

29

Un Re aveva perduto un anello prezioso. Cerca qua, cerca là,[1] non si trova. Mise fuori un bando che se un astrologo gli sa[1] dire dov'è, lo fa ricco per tutta la vita. C'era un contadino senza un soldo, che non sapeva né leggere né scrivere, e si chiamava Gàmbara. 'Sarà[2] tanto difficile far l'astrologo? — si disse. — Mi ci voglio provare.' E andò dal Re.

Il Re lo prese in parola, e lo chiuse a studiare in una stanza. Nella stanza c'era solo un letto e un tavolo con un gran libraccio d'astrologia, e penna carta e calamaio. Gàmbara si sedette al tavolo e cominciò a scartabellare il libro senza capirci niente e a farci dei segni con la penna. Siccome non sapeva scrivere, venivano fuori dei segni ben strani, e i servi che entravano due volte al giorno a portargli da mangiare, si fecero l'idea che fosse un astrologo molto sapiente.

Questi servi erano stati loro a rubare l'anello, e con la coscienza sporca che avevano, quelle occhiatacce che loro rivolgeva Gàmbara ogni volta che entravano, per darsi aria d'uomo d'autorità, parevano loro occhiate di sospetto. Cominciarono ad aver paura d'essere scoperti, e non la finivano piú con le riverenze, le attenzioni: 'Sí, signor astrologo! Comandi, signor astrologo!'

Gàmbara, che astrologo non era, ma contadino, e perciò malizioso, subito aveva pensato che i servi dovessero saperne qualcosa dell'anello. E pensò di farli cascare in un inganno.

(*I. Calvino*)

1. *cerca qua, cerca là . . . mise . . . gli sa . . .* 'they searched high and low', the mixing of normally incompatible tenses is deliberate here but in English it is best to keep the narrative in the past tense 2. *sarà . . .* future of probability used in a hypothetical question: translate '"It shouldn't be so hard to tell fortunes" he said to himself. "I'll have a try."'

30

Era un bel pomeriggio di maggio. Ero andato a fare un giro in aria col mio aeroplano più piccolo. A un certo punto ne incontrai un altro che veniva verso di me. Io per non andargli addosso mi feci un po' da parte; anche lui si scostava, ma dalla stessa parte. Allora io piegai verso l'altra, e lui pure. Così un paio di volte.[1]

Avevo ragione[2] io, perchè m'ero piegato alla mia destra; ma intanto ci accostavamo sempre più. Quando i due vanno a piedi la cosa è meno importante, perchè il peggio che possa accadere è che tutti e due si fermino. Ma con questi aeroplani non si riesce a star fermi. In terra in quei casi si fa un risolino imbarazzato. In cielo no.[3] Io stavo per impennarmi, sperando non facesse altrettanto lui pure; lui invece aveva scelto un sistema più prudente; aveva girato e m'aveva voltato le spalle. Se anch'io avessi avuto la stessa idea, non ci saremmo mai conosciuti.

Invece lui ora proseguiva tranquillamente davanti a me. Feci agire il mio silenziatore perfezionato, che sopprime anche il rumore dell'elica, e urlai a colui: — Non sapete qual è la vostra destra?[4] — Anche egli aveva messo il silenziatore; scivolavamo in silenzio. Allora dall'altro aeroplano uscirono queste parole: — Scusate, non ci avevo pensato,[5] — e all'udire quelle parole il cuore mi battè forte, perchè era una voce di donna.

1. *così un paio di volte* 'this happened a couple of times more' 2. *avevo ragione* 'I was in the right' 3. *in cielo no* needs expanding in English 4. *non sapete qual è la vostra destra* 'don't you know your right from your left' 5. *non ci avevo pensato* 'I didn't think'

31

Anticamente le botteghe dei cambiavalute fiorentini erano quasi tutte sul Ponte Vecchio. Avevano un aspetto modesto e sembravano vuote perchè quei prudenti uomini d'affari non volevano esporre una merce tanto preziosa all'occhio cupido dei passanti.

Capitò un giorno sul Ponte un paesano, venuto in città per affari, che rimase colpito dall'aspetto di quelle botteghe dove sembrava che non si vendesse nulla. Spinto dalla curiosità, egli si avvicinò a uno dei cambiavalute che stava ozioso sull'uscio della sua bottega e gli domandò, 'Potrebbe dirmi, per cortesia, cosa si vende qua dentro?' I fiorentini, è noto, sono felici quando possono allegramente prendere in giro qualcuno. Così il cambiavalute rispose pronto, 'Ci si vendono teste d'asino, buon uomo.' Il paesano, nato anche lui sulle rive dell'Arno poco lontano da Firenze, non esitò un solo istante. 'Capisco, e vedo[1] che gli affari vanno bene. Qui non c'è rimasta che la sua!'

1. *capisco, e vedo* 'I see, and I can also see'

32

Arrivato[1] all'imboccatura della prima via fermò un uomo che passava e lo pregò di indicargli da che parte dovesse prendere per andar in via delle Arti. Aveva fermato per l'appunto un operaio italiano. Questi lo guardò con curiosità e gli domandò se sapeva leggere. 'Ebbene, — gli disse l'operaio, indicandogli la via da cui egli usciva, — va' su sempre diritto, leggendo i nomi delle vie a tutte le cantonate; finirai col trovare la tua.'[2] Il ragazzo lo ringraziò e infilò la via che gli s'apriva davanti.

Era una via diritta e sterminata, ma stretta; fiancheggiata da case basse e bianche, che parevan tanti villini; piena di gente, di carrozze, di grandi carri, che facevano uno strepito assordante; qua e là spenzolavano enormi bandiere di vari colori. La città gli pareva infinita; gli pareva che si potesse camminar per giornate e per settimane vedendo sempre qua e là altre vie come quelle. A ogni nuova via, si sentiva battere il cuore, pensando che fosse la sua. Guardava tutte le donne, con l'idea

1. *arrivato* 'when he arrived' 2. *finirai col trovare la tua* 'in the end you'll find the one you want'

di incontrare sua madre. E andava, andava, affrettando il passo.[3] Arrivò a un crocicchio, lesse, e restò come inchiodato[4] sul marciapiede. Era la via delle Arti.

3. *e andava, andava, affrettando il passo* 'on and on he went, walking faster and faster' 4. *e restò come inchiodato* 'and stood stock-still'

33

A mezza strada raggiunsi una vecchia con una grande cesta piena di arance sulla testa. 'Buon giorno, signorino.' Posò la cesta e mi offrì un'arancia. Sopra le arance c'era un pacchetto di giornali e lettere, legato con un fazzoletto rosso. Era la vecchia Maria Porta-lettere che portava la posta due volte la settimana ad Anacapri; più tardi fu mia amica per tutta la vita. Non sapeva quanti anni avesse, ma sapeva che aveva portato la posta da quando ne aveva quindici, quando sua madre dovette smettere. Naturalmente non sapeva leggere. Quando le dissi che ero venuto quella stessa mattina da Sorrento con la barca della posta e non avevo ancora mangiato nulla, mi regalò un'altra arancia, della quale divorai anche la buccia, e mi offrì dalla sua cesta dei pesciolini, che mi lasciarono una grande sete.

Arrivammo finalmente in cima ai settecentosettantasette gradini e passammo sotto una volta con i grandi cardini di ferro del suo primo ponte levatoio, sempre attaccato alla roccia. Eravamo in Anacapri. Tutto il Golfo di Napoli era ai nostri piedi. Subito, sopra le nostre teste, addossate come nidi d'aquila[1] alla roccia scoscesa, c'erano le rovine di una piccola cappella.

'Come si chiama la piccola cappella?' domandai premurosamente.

'San Michele.'

1. *nidi d'aquila* 'an eyrie'

34

Tra queste riflessioni, era salito al terzo piano di un palazzo pieno di vetri, di una modernità eccessiva, e adesso suonava alla solita porta che aveva visto quasi ogni giorno negli ultimi mesi. La cameriera bruna, quasi gobba e nana, gli aprì, e subito lo piantò in asso dicendogli che la signorina l'aspettava.[1] Egli passò nella camera da soggiorno. Era questa una vasta sala più lunga che larga, con una vetrata dalla parte della strada, e faceva pensare ad una palestra di ginnastica per la mancanza di mobili e il pavimento di legno lucidato a cera. In fondo alla sala, però, c'era un gran divano cencioso, intorno al quale, in terra, si vedevano molti oggetti che normalmente sono collocati sui mobili; un giradischi, un vassoio con una teiera e una tazza, dei dischi, qualche rivista illustrata, il telefono e l'elenco telefonico, un portacenere colmo di mozziconi sporchi di rossetto.

1. *lo piantò in asso dicendogli che la signorina l'aspettava* 'told him the young lady was expecting him and left him to it'

35

C'era un locandiere ricco e generoso che mise fuori un'insegna: 'Chi va alla mia locanda, mangia gratis.' La gente ci s'affollava mattina e sera, e lui dava da mangiare gratis a tutti.

Una volta si trovò a passare per quel paese il Maestro, con i suoi dodici Apostoli. Lessero l'insegna, e San Tommaso disse: — Maestro, io se non vedo coi miei occhi e non tocco con la mia mano, non ci credo. Entriamo in questa locanda.

E Gesú e gli Apostoli entrarono. Mangiarono, bevvero e il locandiere li trattò da signori. Prima d'andarsene, San Tommaso gli disse: — Buon uomo, perché non domandate una grazia al Maestro?

Allora il locandiere disse a Gesú: — Maestro, io ho quest'albero di fico qua nell'orto, ma non mi riesce mai di mangiare un fico. Via via che maturano ci s'arrampicano i ragazzi, e me li mangiano. Ora, io vorrei mi facesse la grazia che chi sale su quest'albero, non potesse piú scendere senza il mio permesso.

— Ti sia concesso! — disse il Signore, e benedisse l'albero.

L'indomani, il primo che capitò a rubare fichi, restò appeso all'albero con una mano; al secondo gli restò attaccato un piede;[1] il terzo non seppe piú staccare la testa da una biforcatura dei rami. Il locandiere quando li vide gli[2] fece una gran lavata di capo, e poi li lasciò scendere. I ragazzini del paese quando seppero la virtú di quell'albero, si tennero alla larga; e il locandiere poté mangiarsi i suoi fichi in santa pace.

(*I. Calvino*)

1. *al secondo gli restò attaccato un piede* a redundant indirect pronoun is often used in this way in colloquial Italian: translate 'the second one got his foot stuck to it' 2. *gli* 'them': colloquial speech frequently prefers *gli* to the more pedantic *loro* in such locutions

36

Molte rondini erano partite, altre partivano. Tutti i nidi erano abbandonati, vacui, esanimi. Qualcuno era infranto, e sugli avanzi della creta tremolava qualche piuma esile. L'ultimo stormo era adunato sul tetto, lungo le gronde, e aspettava ancora qualche compagna dispersa. E così, aspettando,[1] gettavano nell'aria chiara i richiami. E di tratto in tratto, a due, a tre, giungevano le compagne in ritardo. Un'occhiata di sole languiva, splendeva sulla casa chiusa, sui nidi deserti. Nulla era più triste di quelle esili piume morte che qua e là, trattenute dalla creta, tremolavano.

Come sollevato da un colpo di vento subitaneo, da una raffica, lo stormo si levò con un gran frullo di ali, sorse nell'aria in guisa d'un vortice, rimase un istante a perpendicolo sulla casa; poi, senza incertezza, quasi che davanti si fosse disegnata una traccia, si mise compatto in viaggio, si allontanò, dileguò, disparve . . .

1. *aspettando* 'while they waited'

37

Donna Rachele attraversò l'andito ed entrò nella camera in fondo, attigua alla cucina. L'ultimo barlume del crepuscolo penetrava ancora dalla finestra che guardava sull'orto. Mentre Donna Rachele si levava e piegava lo scialle, una voce disse: 'Rachele, potresti accenderlo, il lume; mi lasciate solo, mi lasciate al buio.' 'Zio, è ancora giorno, e si sta più freschi senza lume,' ella rispose con la sua voce dolce e le parole lente. 'Adesso accendo subito.' Donna Rachele accese il lume e lo depose sulla grande tavola di quercia in fondo alla stanza, tra l'uscio dell'andito e la finestra. E la vasta camera, alquanto bassa e affumicata, col soffitto di legno sostenuto da grosse travi, apparve ancora più triste alla luce giallognola del lume ad olio. Anche là dentro tutto era vecchio; ma il canapè antico, dalla stoffa lacerata, la tavola di quercia, l'armadio, la cassapanca scolpita, e insomma tutti i mobili conservavano nella loro miseria, nella loro vecchiaia, qualche cosa di nobile e distinto.

'Annesa, se tu mi portassi almeno un po' di acqua!' esclamò poi il vecchio. 'Annesa, porta un po' d'acqua a zio Zua,' pregò Donna Rachele, attraversando la cucina ancora più vasta e affumicata della camera. Annesa si alzò, prese la brocca dell'acqua e ne versò un bicchiere.

38

Scese di carrozza, affacciò il bel viso spaurito allo sportello della portineria e domandò: 'Il professor Rifi, per favore?'

Prima di rispondere la portinaia la considerò con simpatia. Poi disse: 'Scala a destra; primo piano, prima porta.'

Ella salì, suonò; un giovane cameriere le aprì l'uscio. 'Il professore Rifi, per favore?' ella ripetè. Egli la guardò attento; quando fu sicuro di non averla mai vista, indicò un registro aperto sopra un tavolino dorato e disse: 'Abbia la compiacenza di scrivere il suo nome.'

Senza muoversi, la vide sedere, intingere la penna, tracciare la sua lunga firma. Allora le chiese: 'La prima visita,[1] vero?' Ed ella un po' impacciata arrossì per rispondere: 'Veramente non vengo per una visita; ho bisogno di consigliarmi con il signor professore.' 'Cinquanta lire,' egli bisbigliò a fior di labbra, ma con solennità; e vedendo l'espressione lievemente stupita di lei, ripetè: 'Ella ha la compiacenza di versare cinquanta lire.'

La signora mise la mano dentro la borsetta e ne trasse un biglietto di banca ripiegato quattro volte. Il cameriere le camminò innanzi per l'ampio corridoio, aprì un uscio vetrato, la lasciò entrare e richiuse.

1. *visita* '(medical) examination'

39

È un paese di capitani e di marinai; gli uomini sono tutti sul mare, a terra non son rimasti che i pigri, i vecchi, gli invalidi e i bambini. Quasi ogni giorno si sente qualche sirena urlare ripetutamente dal mare. E affacciandosi[1] alla finestra si vede un piroscafo che, deviata[2] la sua rotta dalla punta di Portofino, rallenta le macchine; poi un megafono lancia una voce: 'Siamo qui'; oppure dà solamente il saluto secondo l'ora del giorno; sono navi che arrivano o che partono e i marinai danno il primo saluto o l'addio alle loro famiglie subito accorse alle finestre.

Entrare in qualcuna di queste case è come un ritrovarci a bordo. Tutte le finestre danno sul mare e l'aria entra come sul ponte di una nave. Ma non basta per questi marinai quando ritornano: impazienti e nervosi si vedono camminare lungo il molo, e, dato l'ultimo abbraccio alla moglie, riprendono il mare. Le mogli e le madri salgono alla chiesa e pregano per la loro salvezza da ogni tempesta e da ogni male.

Alla notte, quando tutti dormono nelle loro case, per le alte strade deserte risuona lo scroscio delle onde sulla spiaggia

1. *affacciandosi* 'if you look out' 2. *deviata la sua rotta* 'after changing course'

e a qualche miglio dalla costa, come immaginarie costellazioni riflesse dalle acque, brillano le lampàre delle piccole barche da pesca.

40

La macchina correva placida come una cometa, volava sulla strada liscia, lungo un ruscello, tra due file di pioppi pallidi. Nel cielo, ancora chiaro, c'era uno spicchio di luna. 'Vai un po' più piano,' disse Adalgiso al meccanico. Poi si sdraiò meglio nel suo angolo, in silenzio. A un certo punto l'automobile, rallentando un poco, si portò verso il lato destro della strada. Io, ch'ero al posto di sinistra, abbassai a mezzo il vetro dalla mia parte e mi sporsi a guardare. E vidi che incontro a noi s'avvicinava un carro con un carico in forma d'un immenso cubo. Ora anche Adalgiso dal suo posto lo intravvide, e mi domandò: 'Guarda bene che cos'è: paglia o fieno?' E la sua voce trepidava. Io non avevo ancora risposto, quando il carro ci passò a fianco, e subito con gran giubilo Adalgiso gridava: 'Fieno! fieno! porta fortuna.'

Io rabbrividii. Perchè Adalgiso s'era ingannato; io avevo visto benissimo che il carro era carico di paglia, che porta disgrazia. Ma non lo volli deludere. Ed ecco passava un altro carro. 'Ancora fieno!' urlò Adalgiso. Invece[1] era ancora paglia.

1. *invece* often best translated by 'but' or 'however' rather than 'instead'

41

Parecchi anni sono,[1] una mattina del mese di dicembre, salpava dal porto di Liverpool un grande bastimento a vapore, che portava a bordo più di duecento persone, fra le quali settanta uomini d'equipaggio. Il capitano e quasi tutti i marinai erano inglesi. Fra i passeggieri si trovavano varii italiani: tre signore, un prete, una compagnia di suonatori. Il bastimento doveva andare all'isola di Malta. Il tempo era oscuro.[2]

1. *sono* more usually *or sono* or *fa* 2. *il tempo era oscuro* 'it was dirty weather'

In mezzo ai viaggiatori della terza classe, a prua, c'era un ragazzo italiano d'una dozzina d'anni, piccolo per l'età sua, ma robusto; un bel viso ardimentoso e severo di siciliano. Se ne stava solo,[3] seduto sopra un mucchio di corde, accanto a una valigia logora, che conteneva la sua roba, e su cui teneva una mano. Era vestito meschinamente, con una coperta lacera sopra le spalle e una vecchia borsa di cuoio a tracolla. Guardava intorno a sè, pensieroso, i passeggieri, il bastimento, i marinai che passavano correndo, e il mare inquieto. Aveva l'aspetto d'un ragazzo uscito di fresco da una grande disgrazia di famiglia; il viso d'un fanciullo, l'espressione d'un uomo.

Poco dopo la partenza, una ragazza sedette sul mucchio di corde, accanto al ragazzo. Si guardarono. La ragazza disse: 'Vado a ritrovare mio padre e mia madre che mi aspettano.' Dopo alcuni momenti il ragazzo tirò fuori dalla borsa del pane e delle frutta secche; la ragazza aveva dei biscotti; mangiarono. Il vento andava crescendo, il bastimento rullava fortemente. Ma i due ragazzi, che non pativano il mal di mare, non ci badavano.

3. *se ne stava solo* the idiom emphasizes his isolation—'he was all on his own'

42

Una mattina si venne a sapere[1] che i banditi erano andati, la notte, in una villa di una signora. Ci andammo anche noi. C'era tanta gente, e c'era il maresciallo[2] dei carabinieri che interrogava la signora. E lei raccontava che aveva veduto tre uomini entrare dal cancello. Allora lei aveva acceso il lume per far capire[3] che qualcuno vegliava. Poi, non aveva sentito più niente; finchè finalmente venne l'alba. Poi, il maresciallo domandò: — Che ora poteva essere? — Dopo mezzanotte, — rispose la signora.

Quella sera stessa, mio padre stava chiudendo la porta della

1. *si venne a sapere* 'it was learnt' 2. *il maresciallo* a non-commissioned rank in the Carabinieri branch of the police forces in Italy—translate by 'sergeant', or leave in Italian 3. *per far capire* English requires the definite object to be expressed—'to let people know'

stalla, quando vedemmo entrare nell'aia tre uomini. Il primo disse a mio padre: — V'ho da dire una parola.[4] Era piuttosto anziano, con un fazzoletto che gli nascondeva metà della faccia. Gli altri due erano più giovani e parevano due operai. Mio padre poi s'allontanò, e quando tornò, aveva delle bottiglie e un paniere con roba da mangiare. Mio padre mise poi della paglia nella capanna, e domandò se volevano i lenzuoli.

Dopo, mi condusse a letto. Quando mi svegliai, il sole era alto. Mia madre dava da mangiare alle galline; mio padre con la forca levava la paglia dalla capanna. A me pareva di aver fatto un brutto sogno.

4. *v'ho da dire una parola* 'I'd like a word with you'

43

Ieri mattina alle nove eravamo alla stazione della strada ferrata di Susa. Era una bella giornata di primavera. Il treno correva fra i prati verdi e le siepi in fiore, e si sentiva un'aria odorosa. Appena arrivati a Condove, andammo a cercare il nostro antico giardiniere, che ha una botteguccia in un vicolo. Lo trovammo coi suoi ragazzi, ci fece molta festa, ci diede notizie di suo fratello, che deve tornare dalla Grecia, dov'è a lavorare da tre anni.

Poi uscimmo dal paese, e pigliammo per una viottola in salita[1] fiancheggiata di siepi fiorite. Mio padre non parlava più, pareva tutto assorto nei suoi ricordi, e ogni tanto sorrideva e poi scoteva la testa. All'improvviso si fermò.

Veniva giù verso di noi, per la viottola, un vecchio piccolo, con la barba bianca, con un cappello largo, appoggiandosi a un bastone; strascicava i piedi e gli tremavano le mani. Lui pure si fermò, e guardò mio padre. Aveva il viso ancora fresco, e gli occhi vivi. 'È Lei,' domandò mio padre, levandosi il cappello, 'il Signor Crosetti?' Il vecchio pure si levò il cappello e rispose: 'Son io.'

1. *pigliammo per una viottola in salita* English can express this better by verb + preposition—'we set off up a lane'

44

La casa solitaria, sull'orlo della pendice precipitosa, pareva disabitata e aveva l'aria di non aspettare il ritorno di nessuno. La porta era chiusa e le grandi finestre erano spalancate.

Vidi un'ampia stanza e una vecchia seduta a una tavola, lì in mezzo. Rialzò la faccia e si accorse di me.

'Buon giorno; che cosa volete?' disse con una voce nè buona nè cattiva.

'Ho sete, nonna,' risposi, 'e qui intorno non ho trovato nemmeno una fonte.'

'Un tempo l'acqua non mancava davvero,' brontolò la vecchia, 'passate in casa; la porta non è serrata: la brocca è lì, sull'orlo del camino,' disse.

Bevvi dal beccuccio qualche sorso di quell'acqua fresca e poi mi avvicinai alla tavola e feci scivolare in terra il sacco.

'Siete stanco, eh? Venite da lontano?'

'Da Firenze, nonna.'

'Lontano davvero,' disse. 'E come mai passate da queste parti così deserte?'

'Cammino alla ventura.'

'Io mi muovo solamente una volta l'anno.'

'E vivete sola?'

Solamente allora vidi sulla tavola bamboline fatte di legno e di stoffa e le domandai:

'Siete voi che le fate?'

'Sissignore, comincio per tempo perchè verso Natale ce ne vogliono tante.'

45

Avevo fatto viaggio con una ragazza che se ne stava sempre in piedi a guardare dai finestrini del treno coll'impazienza dell'emigrante che ritorna. Ritornava appunto da Milano dove era stata a servizio. Stanca della grande città, voleva godersi il carnevale nella sua valle, ai balli segreti nelle case sepolte dalla neve, coi ragazzi del suo stesso paese.

'Io sto di casa così in alto[1] che si può toccare la luna,' mi disse.

Aveva una valigia piena di tabacco, sigari e sigarette per suo padre e per i suoi fratelli. Quando prendemmo la corriera per risalire la valle, ella si trovò tra una decina di alpini compaesani che pure andavano a godersi il carnevale. Giovanissimi, portavano il cappello a rovescio per non guastare nei sobbalzi la lunga penna contro la parete. La ragazza si era seduta in mezzo a loro e voleva avere notizie di questo e di quello.

Rividi questa ragazza ad un ballo in una casa, nel fondo più freddo della valle presso ad alcuni mulini dove le cascate ghiacciate erano come enormi masse di vetro. Non era sola, era scesa da Fernazza con una sorella di sedici anni, col fratello e con suo padre. In una stanzetta attigua gli anziani, in compagnia del padre della ragazza, bevevano e giocavano a carte.

1. *io sto di casa così in alto* 'where I live it's so high'

46

La città gli pareva infinita; gli pareva che si potesse camminare per giornate e per settimane vedendo sempre qua e là altre vie come quelle, e che tutto il paese ne dovesse essere coperto. Guardava attentamente i nomi delle vie, nomi strani che stentava a leggere. A ogni nuova via si sentiva battere il cuore. Arrivò a una piccola bottega dove vide una donna dai capelli grigi che portava gli occhiali.

'Che volete, ragazzo?' gli domandò quella.

'Non è questa la bottega di Francesco Merelli?'

'È morto,' rispose la donna.

'Quando è morto?' domandò il ragazzo.

'Eh, da un pezzo,' rispose la donna, 'fece cattivi affari e scappò; dicono che sia andato in America e che ci sia morto appena arrivato; ora la bottega è mia.'

Impallidendo, il ragazzo disse che era venuto a cercare sua madre che lavorava per il signor Merelli e voleva trovarla.

'Povero figliuolo,' rispose la donna, 'io non so, posso domandare al ragazzo in cortile, perchè faceva commissioni per Merelli. Può darsi che sappia dire qualche cosa. Vediamo!'

47

La stampa locale, il giorno prima, aveva pubblicato un invito della polizia a tutti i cittadini: 'Domattina alle 10.30 si leverà in volo un piccione viaggiatore che porterà legati ad una zampa tre nastri di seta rossa. Tutti i cittadini sono invitati a seguirne il volo e a segnalare per telefono la colombaia o la casa che sarà la meta del piccione viaggiatore e a provvedere perchè nessuno possa lasciare[1] la casa stessa prima dell'arrivo della polizia. Speriamo così trovare un ladro non ancora identificato.'

La novità del fatto aveva provocato un interesse generale. Prima che la 'operazione piccione viaggiatore' fosse lanciata, tre piloti civili proprietari di piccoli aerei si erano messi a disposizione della polizia per seguire dal cielo il volo dell'inconscio piccione-poliziotto; e decine di automobilisti si erano offerti per inseguirlo lungo le strade.

E così il mattino di domenica scorsa tutta la popolazione era per le strade, con il naso in aria[2] ma con la cura di lasciare aperto un corridoio al centro delle vie affinchè le automobili della polizia potessero filare senza difficoltà al seguito del piccione viaggiatore.

1. *provvedere perchè nessuno possa lasciare* 'to ensure that no one leaves'
2. *con il naso in aria* 'with their nose in the air' is of course *not* the matching idiom here: translate by 'peering up at the sky' (English 'turning up one's nose at someone or something' is conveyed by Italian *arricciare il naso davanti a qualcuno/qualcosa* or even by the neologistic *snobbare*)

48

Io sapevo che quei tre venivano a trovarmi perchè vendevo la mia casa. Ma, nonostante, fui contento di sentire, dalla mia stanza, che domandavano di me. La serva non voleva farli entrare, voleva dire che non c'ero; ma io aprii la porta; e li salutai con un brivido nella voce e in tutta la persona. Essi mi risposero ridendo, strizzandosi un occhio; divertendosi della mia sciocchezza. Forse, credevano che non me ne accorgessi ne meno: in ogni modo, non se ne curavano. Io capivo bene. Ma non intendevo di cambiarmi d'animo. Dissi subito, fregandomi le mani: — Sono venuti per vedere la casa? Hanno fatto bene.

Li condussi prima a girare l'appartamento che abitavo io; che era il più piccolo. Essi guardavano tutto; uno, che aveva il bastone, batteva sui muri, per sentire quanto erano grossi. Prendevano in mano gli oggetti che erano sopra i miei mobili, toccavano le tende. Poi andammo negli altri appartamenti; dove erano i miei pigionali, che m'accoglievano con segni di meraviglia ostile. Ma poi, perchè io ero anche compiacente da fingere di non ascoltare, dicevano male di me con i tre compratori. Nessuno mi rispettava; mi lasciavano passare dietro a tutti,[1] stavano a parlare quando volevano. Ed io guardavo, forse per l'ultima volta, le pareti della mia casa.

(*F. Tozzi—adapted*)

1. *mi lasciavano passare dietro a tutti* 'they left me to come last'

49

Il cane dormiva sul marciapiede, nel sole, davanti a un portone, all'angolo di via Sistina e via Francesco Crispi. Era un cagnetto qualunque,[1] pezzato di bianco e nero, un bastardo mite e casalingo, apparteneva certo a qualche inquilino del palazzo, forse al portinaio.

Estate, domenica mattina, la città semideserta, l'aria ancor fresca e tersa:[2] il cane dormiva, innocente, innocuo, felice.

Allorchè,[3] uno strano furgoncino si fermò in mezzo alla strada: sembrava quello del latte, ma tutto chiuso e rivestito di grate metalliche; sembrava il cellulare, ma molto più piccolo. Non avevo mai visto un furgoncino così, e non capii. Un uomo, intanto, che sedeva vicino al guidatore, era sceso:

1. *qualunque* 'ordinary' 2. *estate, domenica mattina . . .* connectives are needed in English 3. *allorchè* like *senonchè* this word is often used in conversational narrative simply to indicate that a new idea is about to be broached, as in English one might say 'well' or 'anyway'

aveva un berretto con visiera cerata, una giacca di tela grigia come quelle dei cacciatori, i pantaloni infilati alla meglio in grossi stivali, e in mano qualcosa come una frusta. Era sceso dal furgoncino. A gambe larghe, a passi lentissimi, misurati, attento a non far rumore, ora si dirigeva verso il cagnuolo. L'uomo aveva un viso duro, legnoso, con baffi all'americana[4] e barba mal rasa, e un'espressione sproporzionatamente seria e concentrata, un barlume di sorriso ch'era insieme sciocco, astuto e crudele: giacca, stivali, volto ed espressione che avevo già visti, identici, in qualche guardacaccia di prìncipi romani.

Il cagnuolo, sentendolo venire, si svegliò, levò il muso sbadigliando indolentemente al sole. L'uomo fece ancora un passo, poi con atto fulmineo, scattando come una molla dalla sua lenta marcia, vibrò e attorse la frusta, che doveva avere dei piombi in punta, attorno al collo del cane. Il cane guaì come un porco che sgozzano: l'uomo cominciò a trascinarselo dietro. *(M. Soldati)*

4. *baffi all'americana* 'walrus moustache'

50

Di fianco alla finestra, su una specie di poltrona, stava seduta una vecchia signora, ricoperta di scialli neri, e sembrava addormentata.

'Vedi chi c'è, Caterina?'

'Non la disturbi,' disse piano la zia Maria, 'sarà per un'altra volta.'

La zia, intanto, aveva posato un involto sul tavolino e guardava la malata.

'No, no; ora si sveglia; anzi è già sveglia.'

Difatti, la vecchia signora si muoveva; voltò la testa, e la faccia incorniciata dalla cuffia restò in ombra.

'Oh, care!' disse una voce che quasi non si sentiva.

Le zie allora si avvicinarono, a passettini, per non fare rumore.

'È sveglia, è sveglia!' badava a ripetere il vecchio signore, come se a quell'ora fosse un miracolo.

'E quel bambino, chi è?' domandava la voce dalla poltrona.

'È il figliuolo di Teresa, della povera Teresa . . . non si ricorda? Vieni, Carlo!'

'Ah, sicuro . . . Teresa,' disse la lenta voce, 'ma questo non l'avevo veduto mai. Noi siamo vecchi,' aggiunse, 'molte cose abbiamo dimenticate.' Sollevò appena una mano che ricadde subito da sè.

Il vecchio signore guardava un po' curvo, con un sorriso di tenerezza.

'Non ti stancare, cara.'

Accomodò i guanciali e gli scialli delicatamente.

51

'Oh, è semplice,' rispose Pietro Pais, 'non abbiate paura! Mi basta che sappiate mantenere il segreto. Quanto al resto, un bambino potrebbe.[1] Conoscete quella strada che dalla cattedrale va a sboccare sul fiume? A metà c'è una piazzetta e, in fondo alla piazzetta, una cancellata che chiude un giardino. La sua casa è lì: una piccola casa in quel giardino.

'La piazzetta è sempre deserta e, andando verso sera, al crepuscolo, e mettendo il viso alla cancellata, nell'angolo in cui la verzura che la ricopre è più rada, la vedrete, Elena, seduta non molto lontano, presso un'aiuola al cui centro cresce un grande cespuglio di oleandri, che la nasconde agli occhi di chi sta in casa.[2] Con lei vivono il padre e la madre. Ha anche un fratello, più giovane di me, che si chiama Emilio. Ma è sempre fuori a quell'ora. Elena sta seduta presso quel cespuglio e legge, o ricama, o cuce, se non è ancora buio. In realtà aspetta che qualcuno, mandato da me, si mostri alla cancellata, a consegnare o a ritirare una lettera.

'Quando vi avrà veduto, non occorrerà nemmeno[3] che le lasciate il tempo di alzarsi e di avvicinarsi a voi. Parlatele. Non

1. *potrebbe* complete the sense in English 2. *di chi sta in casa* 'anyone in the house' 3. *non occorrerà nemmeno* 'you won't even need to'

accadrà nulla assolutamente. Siamo intesi che non piangerà nemmeno. E voi ve ne andrete senza aggiungere un'altra parola.'

52

Bellarmino era il più disordinato ragazzo della nostra scuola. Temperamento[1] nervoso, fantastico, mutabile, eccitabile, il suo disordine dipendeva principalmente da ciò ch'egli non sapeva resistere due minuti di seguito in una minima idea, ma era tratto da sempre nuovi ghiribizzi a correre di qua, di là, come una farfalla. Lasciato in balía di se stesso, lo si vedeva entrare nella scuola con certe scarpe, con certe calze, con certi calzoni, che parevano sempre in collera fra di loro; perchè le calze cercavano di scappare dalle scarpe, queste dai piedi e i calzoni si attaccavano ai fianchi, come se non potessero più resistere.

Non parlo[2] del colletto e della cravatta, che andava quasi sempre a finire nelle mutande. Non parlo delle mani color caffè e latte, del collo e delle orecchie. I suoi libri offrivano lo strano fenomeno di diminuire di volume un poco ogni giorno . . . ed era miracolo se, arrivando alla fine dell'anno riusciva a salvare le due assicelle e la cintura di cuoio, che servivano loro di custodia.

Abitava in pensione in una casa d'una buona vedova, sua lontana parente, alla quale lo aveva raccomandato suo padre, che faceva il viaggiatore di commercio.

1. *temperamento* 'having a temperament . . .' 2. *non parlo* English uses an auxiliary verb in such cases: 'I shan't mention'

53

Gianna è una ragazza che ha tante conoscenti, ma nessuna amica. Al contrario di Sergio, suo fratello, non soffre se è sola, ma trova nella lettura, nelle fantasticherie, nel pianoforte, o nella compagnia del suo grosso barbone nero, un motivo di gioia.[1]

1. *un motivo di gioia* rearrange the word-order

Del resto non ha nemmeno bisogno di cercare tanti diversivi, ha lo studio di giorno, di sera, qualche volta fino di notte e il suo visino bianco diventa ancora più bianco. Ma non ha fatto un'assenza, tutto l'anno, nè è andata a scuola un solo giorno senza sapere le lezioni.

Non si vanta affatto di tutto questo, Gianna, e la sua fama di brava ragazzina, anzi, le dà molto fastidio. Non vuole esser lodata, se prende un bel voto lo dice alla mamma solo, forse perchè è la sola a non darvi troppa importanza o a fingere di non darvela.

Ma anche la mamma, da piccola, faceva collezione di bei voti, e inoltre cuciva, suonava, ricamava, scriveva poesie e raccontini pieni di chiaro di luna.[2] E forse anche Gianna ha un quaderno nascosto in fondo a un cassetto dove sulla prima pagina, in bella calligrafia, c'è scritto un gran titolo: 'L'Angelo biondo', racconto di Gianna Dessi.

Quando Gianna esce con la sua larga gonna a fiori, la camicettina di Sangallo[3] e il cane nero dal colletto giallo che le trotta appresso, le ragazzine del cortile si toccano il gomito.[4] Dicono che Gianna è diventata superba. Ma non è vero.

2. *chiaro di luna* 'moonshine' 3. *camicettina di Sangallo* Saint Gall is a Swiss town famous for its monastery and its embroidery: translate by 'her little embroidered blouse from Saint Gall' 4. *si toccano il gomito* 'nudge one another'

54

All'alba Efix partì, lasciando il ragazzo a guardare il podere. Lo stradone fino al paese era in salita ed egli camminava piano; ogni tanto si fermava volgendosi a guardare il poderetto tutto verde fra le due muraglie di fichi d'India; e la capanna lassù nera contro le canne e la roccia gli pareva un nido. Le strade erano deserte e le roccie a picco apparivano come torri di marmo.

Infine Efix si fermò davanti a un portone, poi attraversò il vasto cortile quadrato, lastricato al centro, come le strade, e si tolse la bisaccia dalle spalle guardando se qualcuna delle sue padrone s'affacciava. La casa a un sol piano oltre il terreno, sorgeva in fondo al cortile. Tre porticine s'aprivano sotto un balcone di legno che circondava tutto il piano superiore della casa, al quale si saliva per una scala esterna in cattivo stato. Una corda nerastra sostituiva la ringhiera scomparsa.

Una donna bassa e grossa, vestita di nero e con un fazzoletto bianco intorno al viso duro nerastro, apparve sul balcone; si curvò, vide il servo, e i suoi occhi scuri scintillarono di gioia. Scese svelta, e gli sorrideva.

55

La visita che s'aspettava quella sera costituiva per me un avvenimento eccezionale: veniva per la prima volta in casa nostra Claudio Biagini, 'uno dei grandi'.

A scuola quella mia amicizia con Biagini, che era già all'ultimo anno di liceo, aveva dato ai nervi ai miei compagni di classe; ma nulla mi inorgogliva tanto quanto vedermi avvicinato e protetto da quel giovanottone vigoroso e elegante che, quando mi incontrava tra quelli della mia classe nel cortile del ginnasio, mi chiamava a nome, si metteva a passeggiare con me tenendomi sottobraccio e mi parlava all'orecchio; e i miei compagni mi guardavano invidiosi.

Quando Claudio m'aveva finalmente promesso che la sera sarebbe passato da noi dopo pranzo a bere una tazza di caffè, m'ero ripromesso di fare in modo che la casa fosse degna dell'ospite. E se n'era parlato tutto il giorno con mia madre: 'Sai, mamma; è una persona molto a modo Biagini[1] e so che frequenta le case dell'aristocrazia.'[2] La seguivo dall'una camera all'altra, le davo una mano nelle faccende; quel mazzo di mimose ero stato io a volerlo nel portafiori sempre vuoto e impolverato e avevo portato io le tazzine che avevo disposte sulla credenza in camera da pranzo.

Quando Francesca annunciò Claudio, mio padre lì per lì sollevò appena la testa dal giornale. Poi si alzò e disse: 'Fallo passare.'

1. *è una persona molto a modo B.* 'B. is a very well-bred chap' 2. *frequenta le case dell'aristocrazia* 'he calls on the gentry'

56

Vedevo dalla finestra socchiusa, con i vetri non più lavati da quando stavo male, passare le nuvole, e la cima d'un ciliegio che rabbrividiva come me quando sentivo la febbre.

Una mattina avevo fame dopo aver preso la solita cucchiaiata di medicina. E non veniva nessuno. Avevo voglia d'alzarmi, ma più di piangere. Le coperte mi schiacciavano come le montagne; e mi pareva che tutte quelle nuvole me le facessero più grevi.[1] C'era a capo del letto il campanello elettrico, ma non lo suonavo perchè il suo squillo mi faceva peggio. Ero proprio per gridare, spaventato dalle coperte alzate dai miei ginocchi, con l'illusione che si alzassero fino al soffitto per soffocarmi.

Entrò un'ape. Mossi la testa per guardarla meglio. Sbattendo contro i vetri, cominciò a ronzare; ma con un ronzìo così dolce che mi fece subito un effetto di benessere. Allora mi ricordai dei fichi maturi e di tutte le altre frutta. Chi sa quale odore giù nei campi! Mi pareva, perfino, di sentir sapore in bocca!

1. *e mi pareva . . . più grevi* 'and they seemed to be making . . .'

57

Appia andò a trovare la figlia qualche giorno di poi; sul tardi, per non dover rimanere a lungo e per non incontrarsi col genero, che stava in casa fin verso le tre.

C'era gente. Matilde serviva il tè a una grossa signora, che aveva intorno tre bambini, golosi e maleducati, i quali mangiavano troppe paste e divoravano con gli occhi quelli che rimanevano sul piatto.

Qua e là, altri personaggi, quali in piedi, quali seduti,[1] fumavano, sorbivano il tè, sgretolavano pasticcini, discutevano. Il sopraggiungere di Appia ammutolì i visitatori per qualche istante. Si scambiarono saluti, si fecero le presentazioni.

'Non vorrei aver interrotto una conversazione importante,'

1. *quali in piedi, quali seduti* 'some standing, some sitting'

disse Appia, prendendo dalle mani di sua figlia la tazza di tè.

'Nulla d'importante, signora!' rassicurò uno degli invitati.

Matilde badava che tutti fossero serviti a dovere; uno dei ragazzi, il più grandicello,[2] le si era messo alle calcagna per avere qualche altro pasticcino; ed ella lo incaricava di portar qua una tazza, là il canestro dei biscotti.

Appia, visto che la conversazione s'era rianimata, si alzò un istante per chiedere a Matilde dove fosse Giorgio.

'È nella sua camera a studiare la lezione.'

In quel momento si presentò un invitato a congedarsi. Appia gli diede la mano, ch'egli strinse freddamente. Vennero altri a congedarsi, e a poco a poco se ne andavano tutti; alcuni abitavano all'altro capo della città e non potevano attardarsi.

2. *il più grandicello* 'the eldest'

58

Ogni mattina alle otto, la cioccolata e le lettere di Nancy le venivano portate da Adele stessa. Entrava piano, in pantofole e vestaglia, con la lunga treccia[1] nera pendente, e poneva il vassoio accanto al letto di Nancy; poi apriva le imposte e veniva a sedere presso la cuginetta. Mentre Nancy, come una principessina indolente, sorbiva col dito mignolo in aria la sua cioccolata, Adele apriva la corrispondenza. Leggeva ad alta voce anzitutto i ritagli di giornale che parlavano di Nancy; poi le domande di autografi, che venivano accuratamente messe da parte. Di queste s'incaricava Adele, che, secondo lei, scriveva l'autografo di Nancy meglio di Nancy stessa.

Indi le poesie e le lettere venivano lette e commentate con squillanti risa; e infine le lettere di affari si mettevano via e nessuno le leggeva. Era tanta la gente che veniva a parlare a Nancy di ciò che aveva scritto, che non le restava più il tempo di scrivere cose nuove. Ma la sua fantasia era stimolata da tutti i poeti che le recitavano le loro opere. E nelle lunghe sere, uno di essi, appoggiati i gomiti alla tavola, leggeva le 'Rime

1. *treccia* 'pigtail'

Nuove' di Carducci alle donne sedute nelle grandi poltrone, con le palpebre abbassate e le mani in grembo. La madre sedeva sempre un po' in disparte, nell'ombra.[2]

2. *nell'ombra* 'out of the light'

59

Raccontai a Cinto che ai miei tempi questa valle era più grande, c'era gente che la girava in carrozza e gli uomini avevano la catena d'oro al gilè e le donne del paese portavano il parasole. Gli raccontai che facevano delle feste — dei matrimoni, dei battesimi, — e venivano da lontano i suonatori, i cacciatori, i sindaci. C'erano delle case che avevano delle stanze dove stavano in quindici, in venti, e mangiavano, suonavano tutto il giorno. Anche noi ragazzi in quei giorni facevamo delle feste sulle aie,[1] e giocavamo. I cacciatori dopo la vendemmia giravano le colline, i boschi, tornavano infangati, ma carichi di pernici, di lepri, di selvaggina. Noi dal casotto li vedevamo passare e poi fino a notte, nelle case del paese, si sentiva far festa e tutte le finestre facevano luce, sembrava il fuoco, e si vedevano passare le ombre degli invitati fino al mattino.

Cinto ascoltava a bocca aperta, seduto contro la sponda.

— Ero un ragazzo come te, — gli dissi, — e stavo qui con Padrino, avevamo una capra. Io la portavo in pastura. D'inverno non si poteva neanche andare nella riva, e una volta scendevano i lupi che nei boschi non trovavano più da mangiare, e la mattina vedevamo i loro passi sulla neve. Sembrano di cane ma sono più profondi.

1. *sulle aie* 'in the yard'

60

Quando donna Eligia compì cent'anni, i suoi figli e i figli dei figli, quasi tutti fino alla quarta generazione, vennero da ogni parte dell'isola e si radunarono nella sua città per farle onore. Alcuni degli ultimi venuti al mondo non l'avevano ancora conosciuta. Erano più di quaranta, e non tutti, naturalmente, trovarono posto in casa, sebbene le stanze fossero molte e ridotte per la circostanza a camerate con materassi per terra.

I figli, ch'erano canuti, si nascosero qua e là per piangere di tenerezza, non visti da lei. Nei nipoti e pronipoti, la curiosità e l'orgoglio prevalevano sull'amore. L'ultimo figlio di Vicenzo, un ragazzo di otto anni che si chiamava Giovacchino, era quello che le voleva più bene.

Il pranzo fu quale ella stessa avrebbe potuto ordinarlo, con tutte le piccole cose che le piacevano da quasi un secolo. Giovacchino, come sempre, le stava accanto.

Ma quello che le dette la più gran contentezza fu la visita inaspettata della sua 'giovane' amica Nicoletta, che non vedeva da settant'anni. La visitatrice aveva cinque anni meno di lei, e vestiva d'un blu cilestrino.

Quando s'incontrarono nel salotto, ove questa volta le persiane erano aperte e le poltrone sfoderate,[1] si misero a sedere l'una accanto all'altra e cominciarono a ricordare.[2]

1. *le poltrone sfoderate* 'the dust-covers had been taken off the armchairs'
2. *ricordare* 'to reminisce'

61

Rovesciando una foglia di malva che teneva distrattamente fra due dita, egli scoprì uno strano insetto dal dorso rosso e lucente, cosparso di piccoli punti neri. Era davvero il più grazioso animale che si potesse immaginare, non solo perchè era minuscolo come un seme, ma perchè era così levigato e solido da far pensare al corallo o ad un bellissimo smalto rosso.[1] Sembrava che non avvertisse nemmeno la presenza dell'uomo, tanto se ne stava immobile[2] attaccato alla sua foglia; ed egli potè avvicinarselo al viso senza che quello mostrasse di voler fuggire. Allora osservandolo meglio con i suoi occhi di presbite, rimase colpito, oltre che dalla perfetta simmetria

1. *un bellissimo smalto rosso* 'a lovely piece of red enamelling' 2. *tanto se ne stava immobile* inversion needed in English after 'so' + adjective: 'so motionless was it'

con cui erano distribuiti sul suo dorso quei puntolini neri, da una particolarità che gli parve straordinaria.

'Sarebbe mai vero,'[3] mormorò, 'che la natura produca simili mostri?'

3. *sarebbe mai vero?* 'how on earth can it be...?'

62

Versai del latte in un piattino, andai nell'orto a cogliere una foglia di lattuga e la deposi accanto alla lucertola. Più tardi, sollevai di nuovo il coperchio e vi misi anche qualche moscherino tolto dalla tela di un ragno e qualche larva trovata sotto la corteccia di un'acacia malata.

La mattina dopo andai, appena sveglio, alla conigliera. Tutto mi parve intatto; soltanto la foglia di lattuga era appassita. Ma dal pannolino sporgeva la punta d'una testolina. L'animale aveva gli occhiolini aperti, vispi. Lo solleticai; richiuse gli occhi; pareva però che godesse. Cominciai a fischiare, ed esso mi fissò. Il battito della respirazione aveva ripreso frequenza.[1] Quella sera stessa, il cencio era vuoto. Fuggito? Impossibile! Fischio. Dopo un momento, ecco, fa capolino. Allungo la mano. Un guizzo, e faccio appena a tempo a chiudere la conigliera.

1. *il battito . . . ripreso frequenza* 'its breathing had become regular again'

63

Anni dopo, dovevo[1] ricordarmelo, questo ragionamento sulla concorrenza. Anch'io mi ero messo nel commercio, benchè più modestamente del nonno perchè, nel frattempo, la famiglia era andata giù.[2] Mio nonno, mezzo paralizzato, non poteva più commerciare nè fallire. Avevo dunque ottenuto la licenza di venditore ambulante[3] per un carrettino pieno un po' di

1. *dovevo* 'I was to' 2. *andata giù* 'gone down in the world' 3. *la licenza di venditore ambulante* 'a street-trader's licence'

tutto, e mi scelsi per luogo l'imboccatura del ponte, molto frequentato. Infatti l'avevo indovinato bene, e subito le cose mi andarono a gonfie vele.[4] Con le prime giornate calde, di buon mattino, io mi mettevo a capo del ponte con il carrettino colmo, e la sera me ne andavo che non mi erano rimasti che i cartelli dei prezzi e il copertone di incerato. La domenica poi, con tutti a spasso, avessi avuto due carrettini, non sarebbero bastati. Il commercio insomma prosperava, e lo dissi al nonno. Ma lui rispose: 'Per ora . . . non hai la concorrenza e vendi come ti pare . . . aspetta.'

4. *le cose mi andarono a gonfie vele* 'business boomed for me'

64

Tornando dalla lezione d'italiano, le ragazze d'ultimo anno facevano a salti le scale.

Capitanate dalla Salvucci, si allinearono poi dinanzi alla cattedra dove la vice[1] troneggiava e dava occhiate sospettose tutt'intorno col suo feroce istinto di scuotere il campanello. E diedero alla vice, alla vice-vice e a tutte le compagne, piccole e grandi, una notizia sensazionale: la professoressa d'italiano, la celebre Santomarchi, voleva che loro nove ragazze d'ultimo anno assistessero ad una straordinaria[2] rappresentazione del 'Saul' di Vittorio Alfieri al Teatro Comunale. La vice si alzò subito, di scatto, e suonò il campanello.

'A teatro finchè io son su questa cattedra? Mai!'

Allora la Salvucci cercò di rabbonire la vice perchè stimava inutile e pericoloso prenderla di petto,[3] e apriva intanto il volume delle tragedie d'Alfieri che le ragazze studiavano e recitavano in quei giorni.

La vice ascoltava senza battere ciglio.

'La Santomarchi ci ha annunziato che il prossimo tema d'italiano sarà: "Dite le vostre impressioni sulla rappresentazione del 'Saul' alla quale avete assistito al nostro Comunale." Lei capisce, signora vice, che il tema è uguale per tutte, tanto

1. *la vice = la vicedirettrice della scuola* (deputy headmistress) 2. *straordinaria* 'special' 3. *prenderla di petto* 'to meet her head-on'

per le esterne come per noi. Se noi non possiamo assistere alla rappresentazione del "Saul" al nostro Comunale noi non possiamo fare il compito e le esterne invece saran felici di farlo a nostro dispetto.[4] Siamo in fin di trimestre, signora vice, e non mi par che sia il caso . . .'

'Basta! Ognuna al suo posto!'

4. *a nostro dispetto* 'just to spite us'

65

Parlammo degli affari, e dopo, chiacchierando del più e del meno, mi parve il momento opportuno. Non me lo so spiegare neppur io . . . Da tanti anni ci conosciamo; io gli voglio un gran bene; so che anche lui vuol bene a me, ma . . . è inutile, quando discorro con lui, non sono buono di vincere un certo imbarazzo. A volte in verità, mi darei magari dell'imbecille![1] Perdo il filo del discorso, piglio lucciole per lanterne . . . Basta![2] Come dicevo, mi parve il momento opportuno:—

'Lei, signor Maurizio, mi deve levare una curiosità. Mi dica, che cosa è quella giacchetta?'

Scosse il capo, sorridendo.

'Ragazzate! Ricordi lontani! C'è una storiella intorno a quella giacchetta. I miei figli la conoscono. Altre persone, no!, eccetto Suo padre, al quale, — guardi che combinazione[3] — la raccontai una sera quando capitò qui, come è capitato Lei, e per un affare presso a poco, se ricordo bene, dello stesso genere.'

1. *mi darei magari dell'imbecille* 'I even feel like calling myself an idiot' 2. *basta!* 'but never mind all that!' 3. *guardi che combinazione* 'now there's a coincidence'

66

Un tempo la Sardegna era chiamata l'isola del silenzio, l'isola del mistero, l'isola dei banditi. Ora il silenzio e il mistero sono scomparsi, i banditi si sono 'imborghesiti' e la Sardegna è tornata ad essere semplicemente un'isola. Fino a pochi anni fa i visitatori erano pochi e gli scritti — articoli, saggi, novelle, studi, romanzi moltissimi. Di qui il velo leggendario che ha avvolto l'isola per troppo tempo. Ultimamente sono diminuiti gli scritti e sono aumentati i visitatori e questo è stato un incalcolabile vantaggio per tutti: scrittori, lettori, turisti e, soprattutto, per la Sardegna. Adesso questa terra sta attraversando uno dei periodi più fecondi della sua storia. Buttate a mare[1] la retorica e le belle parole, da circa dieci anni grandi opere di trasformazione stanno dando un volto nuovo all'isola per tentare, anche se un po' in ritardo, di riguadagnare il tempo perduto. Soltanto dopo l'ultima guerra, infatti, si incominciò ad impostare un piano di valorizzazione[2] della Sardegna. Nel 1949 l'isola ebbe una forma di autonomia amministrativa per studiare e risolvere i suoi svariati problemi e nel 1961 il Parlamento nazionale approvò il Piano di Rinascita della Sardegna, un impegno che costerà allo stato oltre duecento milioni di sterline. Già ora si vedono i primi risultati: aumento della produzione agricola e industriale, miglioramento delle vie di comunicazione con la penisola — bellissime e veloci motonavi collegano la Sardegna con Genova e Civitavecchia — e il movimento turistico, un turismo di qualità più che di quantità, sta raggiungendo punte molto elevate.

1. *buttate a mare*... 'once the rhetoric and fine words had been thrown overboard' 2. *un piano di valorizzazione* 'a development plan'

67

La sera era chiara, c'era la luna. Erano intinti di luna gli alberi e la montagna, il mare lontano. Pareva di sentire la voce delle fonti ai piedi dei monti, o dei fiumi. Le ombre delle case per le strade strette erano dense e nere, e tagliavano a spicchi e a triangoli le strade, come se vi fosse stato disteso qua e là un panno scuro. Ma non erano voci di fontane quelle che si udivano, erano le voci delle donne. Giungevano dalle soglie delle porte dove stavano raccolte e cantavano.

Antonello, seduto sulla soglia d'una porta, ascoltava. Mentre stava così, due ragazzi con la berretta calata sulle orecchie, scalzi, col vestito a brandelli, gli si fermarono davanti. Si tenevano per mano, e presero un'aria seria e provocante. 'Chi sei tu?' 'Io sono il figlio dell'Argirò, il pastore.' 'Ah, sei pastore?' I due ragazzi si allontanarono. Poi improvvisamente dall'angolo di una casa un sasso volò sopra di lui e andò a battere contro la porta. Egli ora vedeva le due figure acquattate nel vicolo, e ne scorgeva le ombre buttate in terra dalla luna. Si alzò e si mise a correre. E quelli a inseguirlo. Ma non lo seguirono fino alle case alte dove dormono i pastori, e dove stava a confabulare sotto la luna un'altra compagnia di ragazzi. Erano tutti figli di pastori, col vestito di lana pelosa, con la cintura di cuoio, per la maggior parte scalzi. Decisero di trasferirsi in una casa diroccata e abbandonata. Qui stavano in silenzio ad aspettare.

68

Il marchese Piero Quattroponti, ricco e vizioso, vuol dominare con il denaro, ma senza apparire, per la gioia di sentirsi potente. È il presidente del consiglio d'amministrazione d'una Banca. È deciso a tentare, per mezzo di questa banca, imprese grandiose, a combattere battaglie gigantesche. Ma per far ciò, gli occorre un uomo che sia, nelle sue mani, docile e utile come uno strumento, e maneggi il denaro degli altri come piace a lui. Ha posto gli occhi sul giovane figlio d'un suo amico, Marcuccio, che gli sembra debole davanti alle tentazioni, ma avido di vita. L'ha fatto nominare direttore della banca, e poi si è posto silenziosamente e pazientemente ad osservarlo. Marcuccio ha giocato, ha dissipato molto denaro, ha prelevato, dalle casse della banca, mezzo milione, rilasciando delle cambiali false. Il marchese si è accorto di tutto questo e non ha fatto nulla per impedirlo, aspettando. Ma il giorno della crisi è giunto. A fine d'anno Marcuccio deve presentare i bilanci al consiglio di amministrazione. Il falso sarà scoperto. Il giovane chiama il marchese, gli confessa tutto e gli chiede aiuto; ma l'altro gli rifiuta ogni soccorso e gli consiglia di uccidersi. Ma di uccidersi Marcuccio non è capace. Pur avendo[1] già l'anima del suicida, gli manca il coraggio di compiere il gesto terribile.

Poco dopo che il marchese se n'è andato, penetra nella banca un ladro. Marcuccio lo sorprende. Gli balena l'idea di farsi uccidere da lui, di armare contro di sè la mano di un altro, poichè la sua non osa. Eccita in tutti i modi il malfattore a sparare su di lui; ma quando costui, per non essere preso, punta l'arma contro di lui, Marcuccio, in un soprassalto del suo istinto di conservazione, lo fulmina con una palla di rivoltella.

1. *pur avendo* 'even though he has'

69

S'era fatto buio e pioveva; nella piccola stazione di Silvi nemmeno un lume. Il Signor Capo della stazione di Silvi non aveva che trent'anni e si trovava a Silvi da pochi mesi soltanto. Ma alla stazione di Silvi non scendeva nessuno. Appena il tempo di scambiare i sacchetti della posta, e il treno ripartiva, rotolando per la discesa.

Quella sera, proprio quando il treno si fermò tirando i freni coi denti,[1] si levò il vento. Invano il Signor Capo cercò di far schermo al suo lumicino con l'ala del mantello; il vento lo spense. Con il lume spento in mano, gli occhi socchiusi contro la pioggia che gli pungeva il viso, dopo aver brancolato incerto, il Signor Capo si fermò, e riuscì finalmente a distinguere nell'oscurità la porta del suo ufficio, illuminata dalla fioca luce del caminetto. Battendo i piedi per liberarsi dalla terra che gli si era appiccicata alle scarpe, crollando le spalle come un cane appena uscito dal bagno, attraversò la stanza, si avvicinò alla tavola e vi posò sopra il lume.

Si lasciò cadere sopra la sedia, ma poi gli sembrava di vedere qualcuno in piedi fuori della porta; ed egli, alzando il capo meravigliato, vide delinearsi nell'ombra la figura alta, esile,

1. *tirando i freni coi denti* 'grinding reluctantly to a halt'

elegante di una donna. Essendo vestita di nero, i contorni della sua persona spiccavano abbastanza nitidamente contro i vetri della porta. Con ambedue le mani reggeva all'altezza delle ginocchia una piccola valigia di cuoio. Poi mosse due o tre passi verso il centro della stanza.

70

L'ambulatorio stava al piano terra della nostra casetta della Friedrichstrasse, ci passavo quasi l'intera giornata, dalle prime ore del mattino alla sera. Al piano di sopra sentivo il passo lieve di Martha, che si muoveva nella camera per rifare il nostro letto; la sentivo passare in salotto, e anche qui sapevo ogni suo gesto: spolverare i libri della scansia, rimettere a posto i fiori finti nel grande vaso azzurro di Murano al centro del tavolo, spazzare le mattonelle di maiolica. Ed eccola in cucina, col rumore attutito delle stoviglie; lo scatto del fornello elettrico, il sapore denso del caffè.

E poi lo scroscio dell'acqua nella stanza da bagno. Non sentivo il fruscio del pettine sui suoi capelli lunghi, biondi, abbandonati sulle spalle, ma riuscivo a indovinarlo.[1] Di lí a pochi minuti Martha sarebbe apparsa, pulita e fresca, sull'uscio dell'ambulatorio per salutarmi prima di uscire al mercato. Con la borsa di pelle infilata al braccio, più simile ad una studentessa che ad una massaia, mi avrebbe guardato con una luce di gioia negli occhi. Sarebbe scomparsa quasi fuggendo, e correndo sarebbe rientrata e salita in cucina. Da quel momento io potevo seguire le sue operazioni ai fornelli sino all'ora del pranzo. (*M. Venturi*)

1. *indovinarlo* 'imagine it'

71

Tutto ciò che concerne l'urbanistica è di interesse comune. Un tempo erano ammessi distacchi minimi tra edifici, si potevano fare stanze senza luce, nei corridoi si poteva costruire; nei pozzi di luce potevano affacciarsi cucine. Oggi nessuno di noi ammette più queste cose. Riconosciamo giusto e necessario usare più spazio nell'edificare; abbiamo introdotto nei nostri regolamenti edilizi norme precise.

Non basta lasciare spazio per strade e cortili, ma ogni quartiere deve avere grandi spazi pubblici sistemati a verde, di dimensioni proporzionate al numero dei metri cubi destinati ad abitazione in quel quartiere. E questo è il punto essenziale: tali spazi pubblici devono essere ceduti alla comunità, a cura e spese di chi edifica il quartiere. Le forme di cessione e di spesa per gli impianti a verde[1] sono molteplici.

1. *impianti a verde* 'parks and gardens'

72

Tre anni prima, quando egli era arrivato dalle nostre parti, nessuno sapeva chi fosse nè dove fosse nato. Sembrava un commesso viaggiatore qualunque, e prese alloggio in una locanda, dove va la gente di passaggio. Cominciò a comprare mele nel mese di maggio, quando le mele sono ancora sugli alberi e i cafoni[1] hanno bisogno di moneta. Poi cominciò a comprare cipolle, fagioli, pomodori. Tutto quello che comprava, lo spediva a Roma. Più tardi mise su un allevamento di porci. Poi cominciò ad occuparsi anche di cavalli. In breve, finì con l'occuparsi di tutto: galline, conigli, lavori stradali, legnami. Lo si vedeva in tutte le fiere, in tutti i mercati dei dintorni. La sua apparizione creava un turbamento di nuovo genere. I vecchi proprietari di terre, in principio, lo guarda-

1. *i cafoni* a word having a particularly insulting flavour, used mainly of *contadini* from southern Italy

vano con disprezzo, si rifiutavano di trattare con lui. Egli li aveva sottomessi a uno a uno. Non ci fu un solo affare importante nel quale egli non la spuntasse.[2] Da dove prendeva tutti quei soldi? Insospettiti, i vecchi proprietari arrivarono fino al punto di denunziarlo ai carabinieri come fabbricante di biglietti falsi. Ma i biglietti non risultarono falsi. Si scoprì piuttosto che dietro lui c'era una banca che gli forniva il denaro di cui aveva bisogno. (*I. Silone—adapted*)

2. *spuntarla* 'get the best of it'

73

Ma non era un cattivo ragazzo: sí, discolo, irruente, attaccabrighe, sfacciato e indisciplinato; ma simpatico, pieno di ingegno e di prontezza, riusciva a farsi perdonare le monellerie più audaci dai suoi professori, che lo sentivano buono anche quando pareva più indemoniato.

E buono era infatti, facile alla commozione, ai pensieri nobili e ai propositi più generosi: e teneva fede alle intenzioni di bene finché non lo sconvolgeva l'ira o non lo distraeva la sventataggine.

Quel giorno, per esempio, era tutto intenerito per le parole del professor Pedrella. Era l'ultimo giorno delle lezioni: l'insegnante aveva corretto un componimento e poi aveva parlato con tanta bontà dell'amore che è dovuto al prossimo e del dovere dei fanciulli di mantenersi ad ogni costo puri e retti, che Tullio si era sentito esaltare, e uscendo dalla scuola si era tacitamente rinnovata la promessa di diventare una specie di incorruttibile cavaliere dell'onestà, proprio un fratello spirituale di quel Gigino Rizzetti di cui il professore aveva letto in classe la storia per commento al proprio discorso.

Camminava a capo chino verso piazza Cavour, quando la fortuna, quasi per metterlo alla prova, gli fece dar del piede in un logoro portamonete che schizzò un salto[1] nella fanghiglia. Lo raccolse e si guardò intorno: non c'era nessuno.

(*V. Brocchi*)

1. *schizzò un salto* 'went flying'

74

La Beppa serviva la Signora esattamente da trentasette anni e prima di lei l'aveva servita sua madre. Conosceva quindi alla perfezione tutti i segreti e tutti i pericoli che presentava quella conversazione mattutina, che pure di segreti e di pericoli ne presentava parecchi:[1] non tanto per ciò che si doveva dire, quanto per ciò che si doveva tacere.[2] Una volta che la Beppa era stata ammalata — una volta sola in quei trentasette anni di servizio — sua sorella Emilia, che faceva la sarta giù in paese e che in quell'occasione era venuta a sostituirla per pochi giorni, aveva accumulato sciocchezze su sciocchezze: aveva perfino bussato due volte all'uscio prima di entrare, perché la Signora, dopo la prima bussata, non aveva detto 'Avanti!' Cose incredibili. E la più incredibile di tutte era che lei stessa, l'Emilia, non s'era accorta di nulla, neanche del significato che aveva il battere accelerato della mano destra della Signora sul tavolo della toletta, mentre le spazzolava i capelli. E all'osservazione della Signora: 'Un secco come quest'anno non s'era mai avuto', invece di tacere, come la Beppa le aveva raccomandato, aveva ribadito con l'aria piú naturale del mondo: 'L'anno passato fu peggio. E cinque anni fa, me ne ricordo come fosse ora,[3] bruciò tutto pel gran caldo che fece.' Quando la Beppa riprese servizio, la Signora disse soltanto: 'Come vi rassomigliate poco, tu e l'Emilia!' (*I. Montanelli*)

1. *che pure . . . parecchi* the inversion is not possible in English; the *ne* is of course redundant 2. *tacere* 'keep quiet about' 3. *come fosse ora* 'as if it were today'

75

Feci tempo fa una lunga gita in macchina attraversando piú città con relative fermate. L'autista era uno strano tipo: di rado guardava le indicazioni e non aveva la carta stradale; preferiva fare ogni tanto una fermatina[1] e informarsi da qualche passante.

1. *fare . . . una fermatina* 'pull up for a moment'

Se l'interrogato faceva un discorso lungo, specie in città dove mi occorreva l'indirizzo di una persona, il mio uomo ascoltava le prime parole e poi lasciava dire senza stare attento: cosí per il primo tratto di strada andava sicuro e di lí in poi[2] ricominciavano le interrogazioni.

Io non aprivo bocca, ma discorrevo tra me e sgomitolavo il filo dei miei pensieri. Una delle meditazioni cominciò piana e modesta e poi gradatamente si sollevò, si innalzò e fu una lirica, un inno. Vediamo se riesco ad esporla.

L'autista, dicevo fra me e me, evidentemente ha un gran bisogno di discorrere: di solito trova un cliente che gli dà spago[3] e allora racconta tutti i fatti suoi, magari inserendo una barzelletta qua e là. Se invece gli càpita uno come me, capace, pur di non sentir parlare, di finger di leggere il giornale che gli ballonzola tra le mani, si sfoga con la gente che passa. Ma c'è una cosa stupenda a cui nessuno pensa, perché dei fatti meravigliosi quotidiani non ci accorgiamo, ed è questa. Noi percorriamo chilometri e chilometri: strade, villaggi, città: in una sola giornata passiamo per quattro regioni diverse: eppure l'autista non ha un minuto di esitazione: domanda qual è la via piú breve, s'informa se il fondo stradale è buono e parla anche d'altro. Non gli passa neppure per la testa che la gente possa non capirlo, perché lui si esprime in italiano.

(*D. Provenzal*)

2. *di lì in poi* 'from that point on' 3. *che gli dà spago* 'who lets him talk'

76

Arrivai a una piazza vasta, inondata dalla luna. Torno torno mi parve di scorgere una corona di figure troppo grandi, per essere uomini. Accostandomi mi accorsi ch'erano statue in pietra, di animali. Riconobbi il leone, il cammello, il cavallo, un drago.

Le case intorno erano più alte e più maestose, ma serrate e mute come le altre viste prima. Provai a picchiare alle porte, a gridare. Nessuna porta s'apriva, nessuno rispondeva. Né il rumore d'un passo umano, né il latrato di un cane, né il nitrito d'un cavallo rompevano quella taciturna allucinazione. Percorsi altre vie; sboccai in altre piazze: la città era, o mi parve, grandissima. Ad un torrione che s'alzava in mezzo a una specie d'immenso chiostro mi parve di scorgere un bagliore di lumi. Mi fermai a spiare. Un batter d'ali mi fece accorto che si trattava d'un branco d'uccelli. Nessun altro vivente pareva abitar la città. In una strada vidi qualcosa biancheggiare all'ombra d'un portico. Scesi da cavallo: alla luce della mia lampadina elettrica riconobbi gli scheletri di tre cani, ancora legati al muro da tre catenelle rugginose.

Non s'udiva, nella città deserta, che l'eco dello scalpitìo stanco del mio cavallo. Tutte le vie eran lastricate; ma poca erba, mi parve, cresceva tra pietra e pietra. La città pareva abbandonata da poche settimane, o, tutt'al più, da pochi mesi.

(*G. Papini*)

77

Si era ormai vicini a Natale, proprio nei giorni in cui gli altri ragazzi, quelli che hanno una casa o vivono in città ed han preso abitudini eleganti,[1] cominciano a sentire l'odore delle vacanze. Questo, al giorno d'oggi, è anche l'odore della neve sui campi di sci e nelle grandi stazioni montane. Ma per molti le vacanze di Natale sono soltanto l'occasione per qualche breve gita o per tornare a casa.

I due amici non tornarono al loro paese perchè non avevano una casa. Non era una 'casa' quella della vedova che li ospitava, e che lassù, ai piani superiori, pareva una fortezza e giù in basso una trappola, con quei salottini pieni d'ombre e di cose finte, con un misterioso odore, mezzo di santità e mezzo di alcova.[2] E in quanto alla neve i due ragazzi abruzzesi l'avevano vista sì sui loro monti ma solo per giocarci alle palle o per sdrucciolarci sopra, senza sapere di sci.

Forse non conosceva gli sci e certo non pensava alla neve il professore di filosofia. Giovane, entusiasta, venuto da una città dell'Italia settentrionale (e stato, si sussurrava con una certa ammirazione tra gli scolari, anche per qualche anno all'estero),

1. *abitudini eleganti* 'fancy ways' 2. *alcova* 'bedroom'

il ‘professorino’ aveva preso gusto a sbalordire quella scolaresca un po’ pigra e calmissima, che egli giudicava senz’altro, con molto disprezzo, ‘borghese’ e piena di ‘figli di papà’.

78

Se al Ministero venissero a sapere che alle sette del mattino mi reco in Consolato, probabilmente riderebbero per la mia presunta ingenuità. Pure, anche a quell’ora, sovente alcuni lavoratori con l’aria inequivocabile del disoccupato, seduti silenziosamente sui gradini, attendono l’apertura della porta d’ingresso.

Si può irridere allo zelo del console, ma è difficile sorridere, appena, di coloro che si recano in un ufficio nella speranza di un soccorso, di una parola anche. Talvolta, a vederne tanti, con le gambe rannicchiate sotto il cappotto e gli occhi gonfi di sonno, si ha l’impressione di guardare un quadro vivente del pittore Pelizza da Volpedo.

Come coloro che attendono Dio e non lo trovano, anch’essi, o le loro ombre, restano sulla soglia di un giardino consolare, e l’assistenza, se pure troverà loro un posto di lavoro, non porrà fine alla tragica solitudine in cui vivono dal giorno del loro sradicamento dal villaggio di nascita.

Stamani, quando le vetturette dei lattai ancora sostavano ai margini dei marciapiedi e ho conversato con due poveri diavoli, in attesa di entrare nella sala d’aspetto, pure fredda, ho compreso ancora una volta quanto l’immigrante sia uno degli uomini piú soli della terra.

La sera, quando la schiera lentamente si scioglie sotto la pioggia tenace di queste regioni (e ogni giorno una schiera di uomini si presenta ai miei occhi), ho sempre l’impressione che questi uomini, anche quando troveranno un impiego, non incontreranno mai la felicità. (*E. Terracini*)

79

La guerra distrusse tutte le sue case e devastò grande parte delle sue terre. Per chi volesse sapere come tale ricchezza fosse stata accumulata, appena nello spazio di due generazioni, non v'è che una sola risposta: 'Con molta vigilanza e molta economia.' In vero suo padre aveva potuto comprare a prezzo da buoni amici tutte le terre del padrone, che moriva senza eredi ma in quell'epoca già aveva messo da parte un capitale considerevole. Uomini molto sani, tutti, a tavola se egli,[1] già nella maggiore età, avesse voluto replicare una pietanza o prendere ancora un solo uovo o un frutto doveva chiedere il permesso al padre. Economia tremenda, ferrea.

Nella loro famiglia le spese potevano considerarsi abolite. La sostanza non mancò di moltiplicarsi col decorrere del tempo, e solo a quarant'anni, alla morte del padre, potè amministrarla direttamente. Vigilanza continua sui campi: attraversava i campi di grano per calcolare il raccolto prima della mietitura preoccupandosi di far scappare a sassate gli uccelli immersi a beccuzzare, stava presente alla vendemmia e tirava le orecchie ai ragazzi sorpresi a piluccare. Si alzava alle tre di mattina, con qualunque tempo, per trovarsi nei vigneti e presenziare ai lavori fino dall'inizio. (*G. Comisso—adapted*)

1. *se egli* 'yet if he'

80

Con la mia moglie era un affar serio, ogni giorno di piú! Bastava un pretesto qualunque per leticare parecchie ore. Una volta la minestra mi parve sciocca; anzi era certamente. Glielo dissi. Mi rispose:

'Perché non vai in trattoria?'

'Se fossi piú furbo!'[1]

'Vai, dunque.'

'Me lo vorresti proibire tu?'

1. *se fossi piú furbo* 'I would if I had more sense'

E la guardai con tutto il mio odio; ed ella altrettanto. Ma io non glielo volevo permettere. Allora feci l'atto di darle uno scapaccione. Si alzò, rigida come uno stecco; e si mise a guardarmi fisso. Pareva che i suoi occhi si allargassero sempre di piú; ma mi sentivo tanto piú forte di lei che non pensavo né meno ad offenderla. Mi disse:

'Vuoi scommettere ch'io vado dal procuratore del re?'

'E perché no? Potevi esserci andata.[2] Cosí mi sarei fatto fare la minestra piú salata, se non c'eri in casa!'

Si slanciò; io mi riparai con un braccio piegato.

In questo mentre vedemmo, tutt'e due insieme, non so come, una formica che dall'orlo del fiasco stava per scendere dentro e cadervi.

La rabbia finí subito. Ella la prese con le dita e la scaraventò lontano. Io dissi:

'Per fortuna l'hai vista! Avremmo dovuto buttar via tutto il vino!'

E il pranzo finí bene, quella volta. (*F. Tozzi*)

2. *potevi esserci andata* 'you might have had the decency to go'

81

Il padrone non si curava d'entrare nella vigna. Tirò di lungo:[1] poco lontano c'era la sua casa: attraversò l'orto camminando fino a mezza gamba tra le erbacce di cui era popolato. Mise piede sulla soglia d'una delle due stanze a terreno. Diede un'occhiata alle pareti: scrostate, imbrattate, affumicate, coperte di ragnatele. Se n'andò di corsa, mettendosi le mani nei capelli; dopo pochi passi, prese una straducola che metteva nei campi, e senza nè vedere nè sentire anima vivente, arrivò alla casetta dove aveva pensato di fermarsi. Già cominciava a farsi buio. Vide il suo amico seduto su un panchetto di legno, immobile come un uomo sbalordito dalle disgrazie. Sentendo un calpestio, egli si voltò a guardare chi fosse e disse: 'Chi siete? Lasciatemi stare, non do fastidio a nessuno!'

1. *tirò di lungo* 'he kept straight on'

82

Le due governanti si affacciarono dalla porta di cucina. Non si era mai vista una riunione di ragazzi altrettanto quieta. Nemmeno se fossero a scuola! A gruppetti, più che giuocare, fingevano di giuocare: come per convenienza;[1] come per far piacere a qualcuno: o per distrarre ad arte l'attenzione dei più da qualche preparativo pericoloso. Si udivano i tonfi della palla di un tennis da tavola: una fiacca partita fra Gennarina e i due ragazzi; e il suono uggioso della armonica che due bambine saviamente si passavano dall'una all'altra. Il più grande, Filippo, leggeva in disparte il libro che aveva portato con sè. Altri, seduti in terra, allineavano soldatini; e Giovanni e Stella, i più piccoli, parlavano addirittura sottovoce, filtrando le parole attraverso la tenda che la bambina teneva stesa con tutt'e due le mani a dividere i loro visi.

Ester guardò intorno quasi allarmata. Quella calma bugiarda insospettiva. La scena intera aveva qualcosa d'innaturale. Ogni movimento sembrava preordinato e misurato con la stessa lievità circospetta degli animali sull'aia, prima del temporale, quando il falco vola alto, e nessuno lo vede. E gli odori? È possibile avvertire ansia negli odori? Odori conosciuti, innocenti: ma, mescolati, combinavano una sospetta fermentazione. Di dove s'irradiava questo senso di cosa proibita, d'imbroglio, di minaccia che stregava la stanza?

(*G. Manzini*)

1. *come per convenienza* 'as if for propriety's sake'

83

Amico delle famiglie, entrava in ogni casa deliberato,[1] bussando solo per annunziarsi, senza aspettare un 'avanti', entrava già chiamando il nome della persona alla quale s'indirizzava la lettera: e, le piú volte, indovinando dalla solita soprascritta[2] lo scrivente, annunziava sicuro 'Una lettera

1. *deliberato* 'confidently' 2. *dalla solita soprascritta* 'the familiar hand'

di vostro figlio, di vostro marito . . .' ecc.; e spesso chi la riceveva, dopo averla presa e aperta, aguzzando gli occhi nella scarsa luce delle stanze basse di soffitto con piccole finestre nebbiose, e vista la firma, pregava lui che leggesse, e magari combinasse la risposta con la sua grossa matita, su un qualunque foglio, stando in piedi presso l'orlo della tavola. La domenica solamente egli accettava di sedersi e bere un bicchierotto di vino o, se di mattina, un goccio d'acquavite. Cosí egli fungeva, e di buona voglia, oltre che da portalettere, da segretario e consigliere, e anche da confortatore; insomma era una persona importante che partecipava alla intimità delle famiglie. Recava ancora dall'uno all'altro villaggio la cronaca della valle. Se avesse saputo fare versi alla meglio, e toccare tampoco un liuto,[3] non molto divario ci sarebbe stato da lui a un giullare medioevale, con questa differenza che le notizie non buone le attenuava per bontà, e nessuna ne condiva di malizia: donde il ritenerlo[4] un uomo prudente e veritiero. Parola di Tampera, parola di re, di un re all'antica, si intende.

(*F. Pastonchi*)

3. *toccare tampoco un liuto* 'even to strum a lute' 4. *donde il ritenerlo* 'which was why he was regarded as'

84

Ogni anno la prima neve è una sorpresa. Non è ancora finita la raccolta delle patate e già nevica, dice la gente. Anche quell'anno la prima mattina c'era stata soltanto una luce più chiara attraverso le finestre. I rumori dei passi e delle ruote sulla piazza erano ovattati. Ma il secondo giorno una muraglia bianca sbarrava la porta. Chi era in viaggio doveva affrettarsi a tornare indietro. Le pecore belavano nelle stalle. Il villaggio, nella sua conca, era sepolto nella neve, come un cadavere ricoperto di calce in tempo di peste. Nei vicoli esposti al vento la neve aveva murato porte e finestre. Erano stati avvistati i primi lupi. Si diceva che si fossero avvicinati fino alle porte d'una delle stalle dei Tarocchi. Sarebbero certamente tornati. Non era più consigliabile uscire di sera.

I lupi scendevano dalla montagna nel pomeriggio e si ponevano in agguato presso gli abbeveratoi.[1] Aspettavano l'oscurità sepolti nella neve. Appena buio, nessuna prudenza poteva più trattenerli. L'odore delle pecore li rendeva disperati, pazzi, capaci di qualsiasi audacia. Essi si spostavano a tre a tre, l'uno dietro l'altro, secondo la loro antica regola di guerra. Neppure la vista di uomini in agguato, neppure la certezza della morte li faceva arretrare. (*I. Silone—adapted*)

1. *gli abbeveratoi* 'the watering-troughs'

85

Intanto l'omino nero a poco a poco ingrandiva, e a un certo punto mise fuori una barba lunga tanto, di cui non s'era mai vista l'eguale nei nostri dintorni. Bisogna sapere che noi, nel nostro paese, fra vecchi e giovani, belli e brutti, saremo sí e no[1] un centinaio; e il paese poi è cosí fatto che ci si arriva per un'unica strada, la quale muore appunto dove incominciano le prime case. Non solo basta un niente per riconoscerci tra noi, ma, se càpita un forestiero, già sappiamo che può essere al massimo o un magnano[2] o un carbonaio. Figurarsi dunque il nostro stupore quando vedemmo che l'omino del fagotto era un sonatore di fisarmonica.

Egli venne a fermarsi dinanzi a noi, all'ombra del platano, e, cavandosi di testa il cappelluccio di feltro molle, che portava infilato nel nastro due roselline di celluloide, si asciugò la fronte con un gran fazzoletto color vinaccia. Aveva addosso una casacca di fustagno verde da cacciatore e un paio di vecchie brachesse alla francese, di velluto rigato, strette ai malleoli. La sua barba era sale e pepe, folta, crespa e rigonfia; e dentro vi si nascondeva un viso tra il nero e il bigio, e straordinariamente piccolo, proprio come il muso di un gatto, con due occhiettini piú vispi e trasparenti dell'acqua. Egli ci domandò se avrebbe dovuto camminar molto per raggiungere Y. . . : e nominò un paese che è in tutt'altra parte del mondo.

(*U. Fracchia*)

1. *sì e no* 'about' 2. *magnano* 'tinker'

86

La bambina, tornando da scuola con i quaderni nella borsa, si era fermata a fare acquisti dal cartolaio; stava scegliendo con tanta attenzione che si dimenticava persino di respirare, sicchè ogni tanto le veniva su un grande sospiro. Il commesso si era voltato a servire altri clienti perchè la scelta che doveva fare la bambina non era dei più semplici: doveva trovare dei quadri che potessero piacere contemporaneamente a lei ed anche al fratellino che aspettava a casa. Il fratellino, che ancora non andava nemmeno all'asilo, voleva gli stampini con le tigri, i soldati, le bandiere; invece la bambina avrebbe preferito degli altri che lasciano immaginare tutto un racconto: il treno che parte mentre l'orfanella sventola il fazzoletto, la fanciulla vestita di seta rosa che stringe al collo il gattino ritrovato.[1]

Sul marciapiede la bambina si fermò tutta pensosa: voleva essere ben persuasa che non l'avessero ingannata, ritirò fuori dalla piccola tasca i due soldi del resto: pensò per un momento che avrebbe potuto comperare due caramelle, ma poi scacciò questa tentazione (era già economa e giudiziosa) e diede ancora un'occhiata al foglio di stampini, sollevandone un lembo con la manina un po' sudicia: le sembrava proprio il foglio migliore, con certi colori, qua e là, che somigliavano all'oro. Si sentiva contenta, e spiccò d'un tratto la corsa[2] verso casa. (*U. Betti*)

1. *il gattino ritrovato* the same idea is conveyed in English by 'her *lost* kitten' 2. *spiccò . . . la corsa* 'off she ran'

87

Ma la campagna italiana non offre in nessun luogo uno spettacolo simile; ovunque si vede la mano del padrone. Poiché tutta la nostra terra è lavorata a dovere, con un gusto della simmetria e dell'ordine che sono anzitutto nell'indole dei nostri antichi agricoltori. E se vai in Toscana dove il pallore degli ulivi pare sui colli un azzurro fumo rappreso, e il cipresso corona il colle e la villa signorile, e i filari dei vigneti e frutteti cingono poggi e pendii con abbraccio amoroso — tutto ti pare un giardino. Vi senti ovunque la mano e l'ingegno dell'uomo, e il suo amor della terra. Cosí nella verde Lombardia, ove tra risaie e praterie luccicano in mille specchi le acque correnti dei canali, e pareti di pioppo limitano l'orizzonte come fiabeschi scenari . . . Ma ogni angolo della campagna italiana, anche dove la terra è povera e magra d'acque e di verde, rivela l'occhio dell'agricoltore, e la sua assidua presenza. Ovunque ritrovi questa antica gente nostra, rimasta sostanzialmente uguale, nonostante le alluvioni dei popoli d'altre stirpi e di diverso costume, e le guerre infinite, e le dominazioni straniere, e le ricorrenti rapine. Il contadino italiano, che pure ne ha viste tante,[1] non ha mai cessato di credere alla terra, come di credere a Dio: silenzioso, tenace, astuto, paziente, egli è rimasto quello dei tempi in cui fu detta la prima volta la parola 'Italia'. (*T. Rosa*)

1. *ne ha viste tante* 'has been through so much'

88

Amava anche la montagna. Quando uscii dall'infanzia cominciò a portarmi con sè nelle sue gite alpine. La sera prima si appartava da tutti, ed anche da me, a preparare il pasto minuziosamente, il pane, i salumi, il formaggio, le scatolette della carne, gli attrezzi per scaldare il caffè. In questi preparativi metteva tutto il suo amore del cibo, con tanta delicatezza che non osavo disturbarlo.

Partivamo spesso la notte per raggiungere in tempo il punto da cui cominciava la parte più faticosa della salita. A mio padre piaceva infatti percorrere a piedi tutta la strada, anche quella che si poteva percorrere in automobile. Il sole ci sorprendeva affannati sulla lunga strada d'approccio. Se era d'estate, i vestiti si impolveravano, diventavano brutti ed ineleganti. Io avevo un diverso ideale: quello di riservare le nostre forze solo all'ultimo tratto, per una lucida e difficile prova di eleganza e d'orgoglio. Ero un borghesuccio ambizioso, e giudicavo aspramente mio padre, che non riusciva negli affari. Quel camminare sulle strade dove altri andava in automobile mi pareva tutt'uno col suo insuccesso negli affari . . . Io vedevo già il mondo come una gara di ambizioni, ed ogni atto come una prova di prepotenza[1] per distinguersi da chi non ne fosse capace. Non riuscivo a capire nessun atto che avesse una mira diversa, preferivo la solitudine, la noia e la nevrastenia. Mio padre non capiva me, perchè era libero e modesto. Così cessai di accompagnarlo. Continuò le gite da solo, e così fece fino all'ultimo mese della sua vita. Passando gli anni pensai a quelle giornate, trascorse con lui in montagna, come a una vita prenatale, in cui mio padre dimorava con il suo sacco e le scatolette di carne. Sapevo di aver vissuto, prima ancora di nascere come borghesuccio ambizioso, una stagione libera e priva d'orgogli dove mio padre camminava, e continuava solo ma felice i suoi pasti, pazientemente chino sopra il fornello[2] sull'erba secca e tra le rocce. (*G. Piovene*)

1. *una prova di prepotenza* 'a proof of one's mastery' 2. *il fornello* 'the primus-stove'

89

Chi andava a far visita alle vecchie signorine Salina trovava quasi sempre almeno un cappello di prete sulle sedie dell'anticamera. Le signorine erano tre, segrete lotte per l'egemonia casalinga le avevano dilaniate, e ciascuna di esse, carattere forte a proprio modo, desiderava avere un confessore particolare. Come in quell'anno 1910 si usava ancora le confessioni avvenivano in casa e gli scrupoli delle penitenti esigevano che esse fossero ripetute spesso. A quel plotoncino di confessori bisogna aggiungere il cappellano che ogni mattina veniva a celebrare la messa nella cappella privata, il Gesuita che aveva assunto la direzione spirituale generale della casa, i monaci e i preti che venivano a riscuotere elargizioni per questa o per quella parrocchia od opera pia;[1] e si comprenderà subito come il viavai di sacerdoti fosse incessante, e perchè l'anticamera di villa Salina ricordasse spesso uno di quei negozi romani che espongono in vetrina tutti i copricapo ecclesiastici immaginabili, da quelli fiammeggianti per Cardinali a quelli color tizzone per curati di campagna.

In quel tale pomeriggio di maggio 1910, l'adunata dei cappelli era addirittura senza precedenti. La presenza del Vicario generale della Archidiocesi di Palermo era annunziata dal suo vasto cappello di fine castoro di un delizioso color fuchsia, adagiato su di una sedia appartata con accanto un guanto solo, il destro, in seta intrecciata del medesimo delicato colore; quella del suo segretario da una lucente 'peluche'[2] nera a peli lunghi, la calotta del quale era circondata da un sottile cordoncino violetto; quella di due padri gesuiti dai loro cappelli dimessi in feltro tenebroso, simboli di riserbo e modestia. (*G. T. di Lampedusa*)

1. *opera pia* 'charity' 2. *peluche* 'plush'

90

Giulia era una donna alta e formosa, con un vitino sottile come quello di un'anfora, tra il petto e i fianchi robusti. Doveva aver avuto, nella sua gioventù, una specie di barbara e solenne bellezza. Il viso era ormai rugoso per gli anni e giallo per la malaria, ma restavano i segni dell'antica venustà nella sua struttura severa, come nei muri di un tempio classico, che ha perso i marmi che l'adornavano, ma conserva intatta la forma e le proporzioni. Sul grande corpo imponente, diritto, spirante una forza animalesca, si ergeva, coperta dal velo, una testa piccola, dall'ovale allungato. La fronte era alta e diritta, mezza coperta da una ciocca di capelli nerissimi lisci e unti; gli occhi a mandorla, neri e opachi, avevano il bianco venato di azzurro e di bruno, come quelli dei cani. Il naso era lungo e sottile, un po' arcuato; la bocca larga, dalle labbra sottili e pallide, con una piega amara, si apriva per un riso cattivo a mostrare due file di denti bianchissimi, potenti come quelli di un lupo. (*C. Levi*)

91

Ora che la madre era partita (per ricostruirsi una esistenza o forse per accumulare gli ultimi orpelli)[1] Olga era la padrona della casa. Nella camera della mamma si era sistemato Carlo. Olga dormiva ancora in salotto, sulla branda celata dietro una specie d'alcova che aveva una tenda a fiorami aprentesi a sipario. Essa aveva trovato da occuparsi in una fabbrica di dolciumi: rivestiva di carta argentata i gianduiotti,[2] guadagnava cinque lire al giorno. Ma Carlo già percepiva la paga di operaio dalla segheria.

La casa era pulita e in ordine: le tendine bianche alle finestre e il centrino ricamato[3] sul tavolo. Tornando nel tardo pomeriggio, Olga preparava la cena, cuoceva qualcosa, o qualcosa comperava, da mettere in mezzo al pane per la prima colazione dell'indomani. I loro guadagni gli bastavano. Carlo eseguiva dei lavori per conto proprio, come una cassa o una sedia da riparare: non gli mancavano mai le sigarette, i soldi per il cinema e per la partita a ramino. Di tanto in tanto la madre, malgrado le loro proteste, gli inviava del denaro che Olga conservava.

Sulla madre Olga non esprimeva mai un giudizio, attaccata ad essa da un affetto che non ammeteva la minima parola di biasimo. Scambiava con la madre lettere affettuose, le rendeva conto della propria giornata, delle piccole novità di Quartiere, dei propri dispiaceri di massaia, chiedendole consigli e sollecitandole rimproveri. (*V. Pratolini*)

1. *per accumulare gli ultimi orpelli* 'to have a last fling' 2. *gianduiotti* 'chocolate-drops' 3. *il centrino ricamato* 'the embroidered runner'

92

Mio figlio, lo vedo durante la giornata, se l'attendo in ufficio. A lui non piacciono le stanzette nelle quali ho tentato di mantenere l'intimità della famiglia: sta sempre in albergo a sorvegliare, a riscuotere denaro, a ricevere gli ospiti. Mia moglie, che da quando sono malato, si sente giovanissima al mio paragone, procura di trovar compagnia tra i clienti e viene a letto tardi, dopo aver giocato a carte. È tanta la sua passione per il giuoco che quasi non si occupa più di me, il più solo degli ospiti dell'albergo.

Al mattino, mentre mi rado e mi vesto, la sorprendo che dal letto mi spia per assicurarsi che io compia queste funzioni come si deve e non mi presenti o sporco o mal vestito.

Contrariamente a quel che la gente crede, io non sono ricco. L'albergo è tutto ciò che posseggo. I restauri, le migliorie, l'ampliamento di un'ala, la piscina, hanno via via ingoiato i denari messi da parte. Mio figlio, che intende diventar ricco davvero, si è fatto rapace a forza di pensarci su. — Che paghino, se vogliono godere questi lussi! S'immaginano, forse che a noi non costino nulla?

L'anno che costruii la grande terrazza dovetti indebitarmi; ma fui il primo ad avere un posto all'aperto per servire il tè del pomeriggio sotto gli ombrelloni a colori. (*A. Loria*)

93

Venezia, città del sogno. Nessuna altra città del mondo può aspirare a questo nome più di Venezia. E in verità sembra che in questa città, dove la personalità umana individuale conserva il possesso della strada, l'inesorabile progresso del tempo sia sospeso come per incanto. L'individuo si può sentire fuori del suo tempo. Sembra che la vita sia dominata dalla fantasia. Eppure in realtà non c'è angolo del mondo più sostanzialmente realistico di questo, dove non v'è linea d'orizzonte, ove non v'è punto nè macchia[1] di paesaggio che non sia stato creato dall'uomo. Una sola cosa dà la natura a Venezia: il suo cielo che intensifica nelle serene notti di agosto, fino ad un cupo vellutato, tempestato di stelle, il suo azzurro squillante che nei dolci tramonti d'autunno trascolora fino ai più delicati impasti del rosa e del violetto e che nei pleniluni sereni rabesca di brividi d'argento la liquida morbidezza della laguna. Ma tutto il resto, dai suoi palazzi, dalle sue chiese, dai suoi ponti allo stesso suo territorio urbano, alle stesse isole che le fanno corona, tutto è opera dell'uomo. Dell'uomo che ha compiuto qui uno dei più mirabili sforzi di volontà e di dominio sulla materia.

1. *punto nè macchia* 'the smallest feature'

94

Era Natale, anche allora. Il capriccio di Silvia aveva avuto l'appoggio inaspettato del padre. La scena era rimasta intatta, nella sua memoria.

Maria non voleva lasciare la città. Anzi, con uno scoppio di ribellione inatteso, in contrasto col suo temperamento piuttosto docile, ella aveva dichiarato che voleva andare in Austria, a sciare. L'Austria era di moda, ci andavano tutti. La mamma era d'accordo. Alla sua tranquillità bastavano i nomi degli amici di Maria. Erano nomi importanti, i più importanti della città.

'Tu capisci, Matteo. Una ragazza deve farsi vedere.'

'Non a Natale. Natale appartiene alle famiglie. Ciascuna ha il suo.'

Allora, papà era un uomo forte che sapeva comandare, anche se, per amore di pace, finiva quasi sempre col cedere alla moglie.

'Tradizioni un po' superate, Matteo. Gli altri ci vanno pure.'

'Maria non andrà con loro, ecco tutto. Andremo in campagna, invece, come vuole Silvia e come voglio anch'io.'

Questa era la scena come lei la ricordava. Nè allora, nè dopo, si era mai chiesta perchè suo padre avesse detto di no a

Maria. 'Eppure, una ragione doveva esserci,' si disse ora. 'Una ragione abbastanza forte da non fargli temere i musi di mamma e di Maria. Che ci furono e in che misura!'

I malumori si erano abbattuti su di lei. L'avevano stordita con rimproveri stupidi e ingiusti, al punto da spingerla a rifugiarsi quassú. (*E. Cantani*)

95

Così, verso mezzogiorno, salii sulla mia vecchia e sgangherata automobile e mi avviai attraverso la città con il solito sentimento di disagio e di ripugnanza che pareva crescere a misura che mi avvicinavo alla meta. Col cuore via via[1] sempre più oppresso da una pesantezza angosciosa, imboccai alla fine la via Appia, tra i cipressi, i pini ed i ruderi di mattoni, lungo le prode erbose. Il cancello di mia madre si trovava sulla destra, a metà dell'Appia, e io, come al solito, lo cercavo cogli occhi, quasi sperando, per qualche miracolo, di non trovarlo più e di continuare diritto fino ai Castelli e poi tornare a Roma e rientrare nello studio. Ma ecco, invece, il cancello, spalancato, si sarebbe detto, soltanto per me, per fermarmi e per inghiottirmi al mio passaggio. Rallentai, girai bruscamente, e con un sobbalzo sordo e molle delle ruote, entrai nel viale ghiaiato, tra due file di cipressi. Il viale era in leggera salita fino alla villa, che si scorgeva in fondo; e io, allora, guardando i piccoli cipressi neri, polverosi e ricciuti e la villa rossa e bassa, rannicchiata sotto il cielo pieno di cirri grigi simili a batuffoli di ovatta sporca, riconobbi nel mio animo il costernato orrore che mi assaliva ogni volta che andavo a visitare mia madre. Cercai di farmi passare questo sgradevole sentimento, suonando a perdifiato il clacson per annunciare il mio arrivo. Quindi, dopo avere eseguito un mezzo giro sulla ghiaia, fermai la macchina sullo spiazzo e saltai fuori. Quasi subito la portafinestra a pian terreno si aprì e una cameriera comparve sulla soglia. Le chiesi dove fosse mia madre, e lei a sua volta domandò, con voce molto dolce:

1. *via via* 'bit by bit'

'Lei è il signor Dino?'
'Sì.'
'La signora è nel giardino, dalla parte delle serre.'

96

Quando mi arrivarono i mobili e invasero in cataste le poche stanze di cui disponevo, sentii a fondo quanto fossero più felici le signorine, che érano così spedite in questo dopoguerra che esigeva tante rapide e continue mosse.

Naturalmente lottai per i mobili; e dopo due mesi finii per avere un po' di ragione con le signorine; non che se ne andassero, no, ma dovettero ritirarsi verso il fondo della nostra casa, che per fortuna era di forma bizzarra e poteva tagliarsi in due come un verme, e restavano vitali le due parti. Così tagliata in due, una parte di verme divenne loro e l'altra restò nostra. Contro la porta di comunicazione, ammucchiai gran parte dei miei libri, dato che non avevo più posto per gli scaffali. Esse dall'altra parte misero, credo, dei letti: mi pare, almeno, dai rumori che sento contro la porta, sera e mattina.

L'impiegata non abita più con loro; e la giornalista e la studentessa vivono come un tempo; lo so, perchè nell'ultima stanza della nostra parte di verme ci sto io, che di qui sento più ciò che avviene nella parte di verme delle signorine che nella nostra. Suonano sempre la radio, qualche volta troppo forte; ma mi diverto ad immaginare cosa pensino ascoltandola e come debba essere la loro vita. Son passati tre anni, ormai, e la studentessa ad esempio, dovrebbe aver finito gli studi.

(*L. Zaleo*)

97

Eugenia era stata una settimana prima, con la zia, da un occhialaio[1] di Via Roma. Là, in quel negozio elegante, pieno di tavoli lucidi e con un riflesso verde, meraviglioso, che

1. *occhialaio* 'optician' rather than 'eye-specialist', though the context clearly indicates the latter function; the 'deliberate mistake' in the Italian may be conveyed by 'eye-doctor' or some other likely childish phrase

pioveva da una tenda, il dottore le aveva misurato la vista, facendole leggere più volte, attraverso certe lenti che poi cambiava, intere colonne di lettere dell'alfabeto, stampate su un cartello, alcune grosse come scatole, altre piccolissime come spilli. 'Questa povera figlia è quasi cecata,'[2] aveva detto poi, con una specie di commiserazione, alla zia, 'non si deve più togliere le lenti.' E subito, mentre Eugenia, seduta su uno sgabello, e tutta trepidante, aspettava, le aveva applicato sugli occhi un altro paio di lenti col filo di metallo bianco, e le aveva detto: 'Ora guarda nella strada.' Eugenia si era alzata in piedi, con le gambe che le tremavano per l'emozione, e non aveva potuto reprimere un piccolo grido di gioia. Sul marciapiede passavano, nitidissime, appena più piccole del normale, tante persone ben vestite; signore con abiti di seta e visi incipriati, giovanotti coi capelli lunghi e il 'pullover' colorato, vecchietti con la barba bianca e le mani rose appoggiate sul bastone dal pomo d'argento; e, in mezzo alla strada, certe belle automobili che sembravano giocattoli, con la carrozzeria dipinta in rosso o in verde, tutta luccicante; filobus grandi come case, verdi, coi vetri abbassati, e dietro i vetri tanta gente vestita elegantemente. (*A. M. Ortese*)

2. *cecata* an archaic/dialectal word now replaced in Italian by *accecata* —the specialist is speaking in as informal and sympathetic a way as he can

98

Nella Svizzera tedesca, anzitutto, il contrasto tra il carattere elvetico e il carattere italiano è più marcato. Per la gente del luogo, uno straccio sventolato giù da una finestra, una discussione ad alta voce in un locale pubblico, una porta sbattuta rumorosamente, un pacchetto di sigarette vuoto gettato per strada, una spintarella all'ingresso di un cinema, sono delitti. L'italiano è estroverso, allegro, rumoroso, disordinato: col suo comportamento turba quell'ordine meticoloso che lo svizzero rispetta religiosamente. Via via che è venuto aumentando il numero degli immigrati italiani richiamati qui dalla prosperità industriale, le ragioni di frizione si sono acuite. A voler essere obbiettivi, un paese che ha solo 5 milioni d'abitanti non può assistere spensieratamente all'infiltrazione di mezzo milione di stranieri più vivaci: fatalmente la considererà come una minaccia al proprio sistema di vita, alle proprie leggi, alle proprie abitudini. Ma della mano d'opera straniera c'è bisogno: se venisse a mancare, centinaia di industrie e migliaia di alberghi dovrebbero chiudere. Perciò si sono aperte le frontiere agli italiani, ma il loro continuo affluire è stato accolto con simpatia sempre minore.

Gli svizzeri accusano gli italiani di non lasciarsi 'assimilare', vivendo appartati e rimanendo a lavorare qui solo per pochi anni: il tempo necessario per ottenere una qualifica professionale e per mettere insieme un po' di risparmi. Ma sta di fatto che le autorità elvetiche hanno adottato nei confronti dei nostri connazionali una politica contradittoria. Anzichè favorire questa auspicata 'assimilazione', esse hanno infatti largheggiato in restrizioni, scoraggiando così l'insediamento permanente degli italiani in Svizzera.

99

Egli non disse quasi parola, troppa fatica costandogli[1] rattenere il pianto. Aveva subito deposto il pesante soprabito su una sedia e in testa portava ancora il berretto di pelo.

'Lasciati vedere,' diceva tra le lacrime la madre, tirandosi un po' indietro, 'lascia vedere quanto sei bello. Però sei pallido, sei.'[2]

Era alquanto pallido infatti e come sfinito. Si tolse il berretto, avanzò in mezzo alla stanza e si sedette. Che stanchezza, perfino a sorridere sembrava facesse fatica.

'Ma togliti la giacca, caro,' disse la mamma e lo guardava come un prodigio, sul punto d'esserne intimidita; com'era diventato alto, bello, fiero, anche se un po' pallido.

1. *troppa fatica costandogli* 'for it was all he could do' 2. *però sei pallido, sei* the repetition of the verb is for emphasis, which should be conveyed in English by other means

‘Togliti la giacca, dammela qui, non senti che caldo?’ Lui ebbe un brusco movimento di difesa, istintivo, serrandosi addosso la giacca per timore forse che gliela strappassero via.

‘Ma no, lasciami,’ rispose evasivo, ‘preferisco di no, tanto, tra poco devo uscire.’

‘Devi uscire? Torni dopo due anni e vuoi subito uscire?’ fece lei desolata, vedendo subito ricominciare, dopo tanta gioia, l’eterna pena delle madri.

‘Devi uscire subito? E non mangi qualcosa?’

‘Ho già mangiato, mamma,’ rispose il figlio con un sorriso buono, e si guardava attorno assaporando le amate penombre. ‘Ci siamo fermati a un’osteria, qualche chilometro da qui.’

100

Don Calogero si avanzava con la mano tesa e inguantata verso la Principessa: ‘Mia figlia chiede scusa: non era ancora del tutto pronta. Vostra Eccellenza sa come sono le femmine in queste occasioni,’ aggiunse esprimendo in termini quasi vernacoli un pensiero di levità parigina. ‘Ma sarà qui fra un attimo; da casa nostra sono due passi, come sapete.’

L’attimo durò cinque minuti; poi la porta si aprì ed entrò Angelica. La prima impressione fu di abbagliata sorpresa. I Salina rimasero col fiato in gola; Tancredi sentì addirittura come gli pulsassero le vene delle tempie. Sotto l’urto che ricevettero allora dall’impeto della sua bellezza, gli uomini rimasero incapaci di notare, analizzandola, i non pochi difetti che questa bellezza aveva; molte dovevano essere le persone che di questo lavorio critico non furono capaci mai. Era alta e ben fatta, in base a generosi criteri;[1] la carnagione sua doveva possedere il sapore della crema fresca alla quale rassomigliava, la bocca infantile quello delle fragole. Sotto la massa dei capelli color di notte avvolti in soavi ondulazioni, gli occhi verdi albeggiavano immoti come quelli delle statue, e, com’essi, un po’ crudeli. Procedeva lenta, facendo roteare

1. *in base a generosi criteri* ‘on generous lines’

intorno a sè l'ampia gonna bianca e recava nella persona la pacatezza, l'invincibilità della donna di sicura bellezza. Molti mesi dopo soltanto si seppe che nel momento di quel suo ingresso vittorioso essa era stata sul punto di svenire per l'ansia. (*G. T. di Lampedusa*)

101

Ogni tanto guardava con evidente preoccupazione, attraverso la finestra, il cancelletto di legno verde dietro il quale una figura andava su e giù lentamente.

'Sei contento, Giovanni? sei contento?' chiese lei, impaziente di vederlo felice.

'Oh, sì, è proprio bello,' rispose il figlio e continuava a sorridere con grandissimo sforzo.

'Giovanni!' supplicò lei, 'cos'hai? che cos'hai, Giovanni? Tu mi tieni nascosta una cosa, perchè non vuoi dire?'

Egli si morse un labbro, sembrava che qualcosa gli ingorgasse la gola.

'Mamma,' rispose dopo un po' con voce opaca, 'mamma, adesso io devo andare.'

'Devi andare? Ma torni subito, no? Vai dalla Marietta, vero? dimmi la verità, vai dalla Marietta?' e cercava di scherzare, pur sentendo la pena.

'Non so, mamma,' rispose lui sempre con quel tono contenuto e amaro; si avviava intanto alla porta, aveva già ripreso il berretto di pelo, 'non so, ma adesso devo andare, c'è quello là che mi aspetta.'

'Ma torni più tardi? torni? Tra due ore sei qui, vero? Farò venire anche lo zio Giulio e la zia, figurati che festa anche per loro; cerca di arrivare un po' prima di pranzo!'

'Mamma,' ripetè il figlio, come se la scongiurasse di non dire di più, di tacere, per carità, di non aumentarne la pena, 'Devo andare, c'è qualcuno che mi aspetta.'

102

Tornato a casa, l'avvocato consegna la sporta alla cuoca, e poi si chiude nello studio a leggere il giornale e a rosicchiare i biscotti. Ma non è ancora passata mezz'ora che si leva e a passi furtivi striscia fino alla cucina per raccomandare alla cuoca la massima cura nella preparazione di una certa salsa. La cuoca, nonostante la lunga consuetudine, accoglie con fastidio queste intrusioni; e non di rado gli risponde per le rime;[1] sa lei quel che va fatto, non ha davvero bisogno di consigli. Poi, verso il mezzodì, dopo la vigilanza incomincia l'assaggio. L'avvocato scoperchia le pentole, ficca il naso nel vapore delle vivande, inzuppa una mollica di pane nel sugo di pomodoro e se lo caccia in bocca. Oppure mastica in fretta e in furia una bollente patata. 'Ma che vi mettete a tavola a fare,' grida la cuoca spazientita, 'se avete già mangiato?' L'avvocato leva le spalle con furore, cerca con le dita di tirar fuori dall'acqua che fuma la testina di vitello, si scotta, esce bestemmiando dalla cucina. Così tra queste ansietà, questi andirivieni, questi battibecchi, queste degustazioni passa la mattinata. Giunge alfine il momento più importante, quando nell'acqua ormai bollente vengono buttati giù il riso o gli spaghetti. Quel momento lì l'avvocato, per antica consuetudine rimastagli dal tempo in cui ancora lavorava, l'aspetta nello studio. (*A. Moravia*)

1. *risponde per le rime* 'answers back sharply'

103

Noi non condividiamo affatto l'entusiasmo di coloro che sostengono a spada tratta[1] la super-intelligenza dei nostri bambini (in confronto a quella delle precedenti generazioni che farebbero una figura piuttosto meschina). Siccome l'argomento viene riproposto come attuale, vediamo di intenderci sul suo vero significato.

1. *a spada tratta* 'with all their might'

È stato il biologo che ha dato l'avvio alla discussione e i suoi argomenti sono: la maturazione generale dell'organismo tende ad acquistare un ritmo sempre più rapido, la crescita e il peso corporeo dei bambini tendono ad aumentare progressivamente (influenza delle diete razionali, dell'igiene a livello collettivo[2] e delle cure mediche sempre più perfezionate). I ragazzi e le ragazze giungono allo stato di maturità fisiologica con un paio di anni di anticipo (paragone con i ragazzi di cinquant'anni fa): a dieci-dodici anni l'organismo è già 'sveglio', l'influenza ormonale si fa sentire, la sensibilità agli stimoli esterni appare già quasi esasperata. Conclusione: le attività organiche stanno 'bruciando le tappe'[3] e i bambini diventano quasi di colpo ragazzi, proprio come i giovani diventano di colpo 'vecchi' (ecco il paragone con le stagioni che non conoscono più le fasi intermedie).

2. *igiene a livello collettivo* 'public health measures' 3. *bruciando le tappe* 'speeding up'

104

Ci fermiamo. Faccio appena in tempo a tirare i freni per non andare a sbattere con l'Alfa Romeo sul retro del furgone,[1] contro la cassa. Oltre questo incrocio, le pareti strette della strada si allargano, scompaiono, mi pare; stiamo arrivando in qualche posto. Che sia il cimitero? Le rotaie del tram si sono immobilizzate alla mia destra; vi arriva sopra una carrozza debolmente illuminata, che si ferma di fianco a noi, al furgone e alla macchina. Vedo gente, di là dai vetri appannati, seduta o in piedi, guardare lontano con occhio assente; qualcuno legge il giornale. La carrozza riparte e partiamo anche noi; poi la carrozza si allontana dolcemente, scivolando; il furgone compie un ampio giro, rallenta perché la strada non c'è più, non ci sono più i marciapiedi, siamo in mezzo ad un banco di nebbia; insomma è una piazza. È la piazza antistante Musocco, penso. Stiamo costeggiando qualcosa che, tra l'oscurità della nebbia, appare massiccia e nera: le mura di cinta del cimitero. Ed ecco le cime degli alberi, gli alberi veri e propri che balzano

1. *furgone* 'hearse'

fuor dalla nebbia; e c'è anche un viale, con le torrette gialle che si accendono e si spengono a indicare il percorso. Ci sono altri viali che si intersecano sotto gli alberi; troppi alberi e troppi viali, mi pare. Più si va avanti e più mi pare di capire che c'è stato uno sbaglio, non siamo ancora arrivati a Musocco, stiamo semplicemente attraversando un Parco. Ma quale?

(*M. Venturi*)

105

Il caldo era soffocante e non dava respiro nonostante una leggera brezza di marino che sulla sera si era alzata languida languida e che, insieme con qualche raro fischio di uccelli palustri, rompeva l'alto silenzio di quella deserta pianura, correndo fra le canne che, tremolando e lievemente fra loro percotendosi, mandavano un rumore come d'una moltitudine che lontana lontana applaudisse, gridando e battendo le mani.

A mano a mano che il sole calava dietro le colline dal lato opposto della palude, si stendeva su quello un velo leggero di nebbia bianchiccia, rendendo di minuto in minuto più squallida la scena che mi stava davanti.

E intanto io pensavo; e quasi che un velo di nebbia si addensasse anche su i miei pensieri, mi si affollavano alla mente mille idee confuse e ondeggianti, che rapidamente passavano per dar luogo ad altre più delle prime annebbiate, confuse ed incerte. E quel vasto campo che un istante prima mi parlava di morte, lo vedevo ora popolato da una quantità innumerevole di pallide e rabbuffate figure padulane dalla fibra d'acciaio e dall'animo generoso e feroce, nel petto delle quali le passioni scoppiano con tal violenza, che il delitto ne diventa spesso il termine funesto. E idilli soavi e drammi sanguinosi si svolgevano dinanzi alla mia immaginazione, e la tristezza intanto si faceva maggiore nell'animo mio.

106

Infatti il giorno dopo andò. Le campane cantavano a festa: era un cicaleccio, una cascata di note tinnule che si rompeva in trilli, scrosciava in limpide risate e riprendeva il suo gaio saltellare trillante. Giubileo alzò il capo verso il campanile che versava di lassú tanta allegria; e gli sorrise come per chiedergli consiglio. Esitò sulla soglia della farmacia, si fece coraggio e spinse l'uscio vetrato.

Nella penombra un lumicino occhieggiava dinanzi ad una madonna nera che pareva nauseata dall'odore dei medicinali: e i vasi bianchi e turchini delle scansie fremettero come nacchere al passo del professore che entrava.

Enrico, il piccino del farmacista, si stirava sulla punta dei piedi per arrivare con la manina ladra al barattolo delle caramelle d'orzo:[1] si volse spaurito e si ricompose dicendo:

— Ah, sei tu, Giubileo? Serafina non te la posso chiamare... C'è il papà.

— Chiama il papà!

E il bambino guizzò nel retrobottega urlando:

— Papà, c'è Giubileo che vuole te.

Il signor Omobono scattò fuori come un diavolino a molla:[2] era un vecchietto fosco e sbarbato, con la berretta nera calcata sulle ciglia boscose, gli occhialoni a stanghetta di sghimbescio sul naso, domandò aspro:

— Cosa vuole? (*V. Brocchi*)

1. *caramelle d'orzo* 'barley-sugars' 2. *diavolino a molla* 'Jack-in-the-box'

107

Pare che una volta, attorno al mio paese, per quanto è vasto il suo territorio, fosse tutta una selva ispida e fitta, popolata di cinghiali e battuta da ladroni di strada, dove il pellegrino che andava a Roma si addentrava con paura. Albergo di fiere e di briganti. Cinto da una difesa naturale così orrida e impervia, fieramente turrito e murato sull'alto d'una collina, il mio borgo natio spandeva intorno un tale spavento che ancora oggi, chi s'affacci alle sue mura, fin dove il suo occhio arriva, non scopre traccia d'abitato. Ben si comprende come potesse spadroneggiare sopra un territorio tre volte superiore ai bisogni della sua minuscola popolazione, cui fanno limite il monte e il mare, e come, primo tra i comuni d'Italia, osasse proclamarsi libero dall'ingerenza papale. Nelle guerre il nemico, per giungere sotto le sue mura, doveva appiccar fuoco alle selve; e nascevano incendi colossali che affumicavano le torri e l'oro dei mosaici sulle facciate delle chiese.

Nel suolo intorno al borgo, tre civiltà, per lo meno, giacciono, una sopra l'altra, e più l'uomo scava, più s'accorge che il tempo da che data la sua presenza in cotesti luoghi si confonde coll'età della terra, è più antico assai della sua memoria. Non è raro trovare in una vigna, in un orto, un sarcofago etrusco o romano ridotto ad uso di vasca per lavare gli erbaggi. Quei famosi coperchi sepolcrali su cui, scolpite, donne dalle grandi faccie severe, stanno adagiate e sollevate sopra un gomito, quasi nell'atto di alzarsi e disposte a parlare, come se ne avessero abbastanza d'esser morte, vi compaiono innanzi da per tutto, in città e fuori, riaffondati nella terra e ricoperti di muschio. (*V. Cardarelli—adapted*)

108

Guglielmo si tolse la giacca e l'appese a una sedia; si lavò le mani e sedette a tavola. In attesa del desinare, cavò di tasca il giornale, che aveva comprato a Pomarance, lo aprì e lesse i titoli della prima pagina, ma nessuno richiamò il suo interesse. Passò alla cronaca della provincia e vi scorse un paio di brevi notizie riguardanti Pomarance. Era morto un tale, che non conosceva; il consorzio agricolo[1] aveva messo a disposizione un quantitativo di patate da seme. La sorella mise in tavola la zuppiera; e subito lo investì il fumo denso e l'odore acuto del cavolo. Prima fece la parte alle bimbe, poi alla sorella, e in

1. *il consorzio agricolo* 'the Farmers' Co-op'

ultimo riempì la propria scodella. Caterina prese la sua e andò a sedersi accanto al fuoco, perché aveva da badare al tegame dove finiva di cuocere il coniglio.

Le due bimbe parlavano tra loro, mentre Guglielmo e la sorella tacevano. Guglielmo fece le parti anche del coniglio, prendendo per sé la testa. Ci mangiò molto pane,[2] leccando poi gli ossicini. Disse due o tre volte alla piú piccola che mangiasse invece di chiacchierare, e per il resto non aprì bocca. Con l'ultimo pezzetto di pane ripulì il piatto. Il desinare era finito, perché la frutta usava solo la domenica. Guglielmo accese una sigaretta, e tirò fuori il libriccino e la matita. (*C. Cassola*)

2. *ci mangiò molto pane* 'he ate a lot of bread with it'

109

A metà del '700 tutto il mondo era praticamente conosciuto nei suoi limiti attuali. A metà dell'800 ferrovie ed elettricità erano di dominio comune. Eppure nel centro dell'Europa, in luoghi che si potevano scorgere ad occhio nudo da Milano come da Berna, una vasta zona viveva allora la sua preistoria. Proprio in quel periodo, diciamo all'incirca fra la Rivoluzione francese e la formazione del regno d'Italia, le Alpi uscivano faticosamente alla luce come entità scientifica, emergevano dalle nubi di leggenda e di terrore che le avvolsero nei millenni.

Ricerche storiche hanno dimostrato che in realtà, per motivi di avvicendamento delle glaciazioni e così via, le Alpi erano assai più domestiche che non ora, sì che avvenivano cose incredibili, come il fatto che le mucche degli alpeggi di Chamonix potessero attraversare comodamente la labirintica Mer de Glace, per andare a pascolare ai piedi del Dru. Ma circa le pareti, le vette, le catene per le quali non poteva esistere alcun interesse economico, si dicevano cose atroci. Ai viaggiatori apparivano fantasmi che li respingevano a valle, spiriti maligni facevano crollare sui malcapitati torri di ghiaccio, qua e là svolazzavano draghi; ce n'era uno persino in valle Ferret, a due passi da Courmayeur: un drago con la coda incrostata di diamanti. Se la toglie solo una volta all'anno, nella notte di Natale, per andare a bere. È il momento per impossessarsi del favoloso tesoro, ma nessuno c'è mai riuscito e la leggenda continua. Ancora nel '700 inoltrato uno studioso di Zurigo dedica un lungo articolo di una sua dotta opera a risolvere il problema se i draghi privi di coda fossero di sesso femminile.

In questo strano, affascinante mondo, che ha per sfondo le Alpi e per tema la loro conquista si muove con erudita disinvoltura Claire Eliane Engel con il suo volume *Storia dell'alpinismo*, edito da Einaudi nella collana 'I Saggi'. La Engel alpinista credente e praticante, è francese di origine ed inglese di adozione: un punto di partenza ideale, perché alla competizione per il dominio del 'terreno di gioco dell'Europa' furono praticamente estranei gli altri popoli, compreso il tedesco e l'italiano, economicamente anemici l'uno e l'altro e troppo impegnati a farsi nazione per volgersi a conquistare pietre e ghiaccio. (*C. Moriondo*)

110

Dei vecchi che avevo visto ingabbiarsi volontariamente in una soffitta, come uccelli stanchi, egli era il più normale e sereno. La camera che abitava era larga e luminosa, disseminata di giornali, libri, pipe, scarpe e bastoni. Una finestra, grande come un portone,[1] racchiudeva centinaia di tetti, il porto, e, in talune sere limpide, un arco di luna che non finiva mai di arrampicarsi per un azzurro cupo e sterminato. Di rado mio zio accendeva la lampada; le sue letture finivano col giorno, e del resto, anche durante il giorno, egli si alzava spesso dalla sedia per andare alla finestra. L'unica sua stranezza era una parola ch'egli pronunciava di quando in quando, con un tono così basso, di una dolcezza così profonda nella sua brevità, ch'io ne rimanevo sempre commosso. Non c'era, in essa, nè

1. *portone* 'house-door'

sconforto, nè dubbio, nè gioia, nè delusione, o piuttosto non c'era alcuno dei sentimenti umani in misura forte e preponderante, ma un misto assai delicato e profondo di tutti. Come uno strumento usato per anni da esperti suonatori riesce finalmente ad emettere una nota di una rara qualità, così quell'uomo, sperimentato per anni della vita, era in grado di mandare un suono particolare, un monosillabo che mi dava ogni volta una scossa ai nervi.

111

Cesare adunò la sua legione favorita, la tredicesima, e parlò ai soldati, chiamandoli non *milites*, ma *commilitones*.[1] Poteva farlo. Oltre che il loro generale, egli era stato davvero anche il loro compagno. Erano dieci anni che li conduceva di fatica in fatica e di vittoria in vittoria, alternando sapientemente l'indulgenza al rigore. Quei veterani erano veri e propri professionisti della guerra, se ne intendevano, e sapevano misurare i loro ufficiali. Per Cesare, che di rado era dovuto ricorrere alla propria autorità per affermare il proprio prestigio, avevano un rispettoso affetto. E quando egli ebbe spiegato loro come stavano le cose e chiese se se la sentivano di affrontare[2] Roma, la loro patria, in una guerra che, a perderla, li avrebbe qualificati traditori, risposero di sì all'unanimità. Erano quasi tutti Galli del Piemonte e della Lombardia: gente a cui Cesare aveva dato la cittadinanza che il Senato si ostinava a disconoscerle. La loro patria era lui, il generale. E quando questi li avvertì che non aveva neanche i soldi per pagar loro la cinquina,[3] essi risposero versando nelle casse della legione i loro risparmi. Uno solo disertò per schierarsi con Pompeo: Tito Labieno. Cesare lo considerava il più abile e fidato dei suoi luogotenenti. Gli spedì dietro il bagaglio e lo stipendio, che il fuggiasco non si era curato di ritirare. (*I. Montanelli*)

1. *non* milites, *ma* commilitones the Latin need not be translated: the meanings of the words ('soldiers', 'fellow-soldiers') may be added in brackets 2. *se se la sentivano di affrontare* 'whether they felt up to facing' 3. *la cinquina* 'one week's pay'

112

Tra i suoi compagni c'era un ragazzo tranquillo, pedante; si chiamava Poli e aveva una grossa testa rapata, assai simile ad una zucca sulla quale con la punta di un coltellino fossero stati malamente sbozzati i tratti d'una faccia umana. Anche il corpo magro confermava quest'idea della zucca, facendo pensare ai gambi sottili e fragili in cima ai quali, tra i solchi dei campi o sulle tegole dei tetti, si gonfiano gli enormi frutti gialli.

Luca gli annunciò la sua intenzione di regalargli la collezione di francobolli, e la mostrò a Poli. I francobolli pulitamente incollati sopra le spesse pagine dal taglio dorato, sotto le scritte in quattro lingue, sfilavano davanti ai suoi occhi. Ecco i francobolli dei paesi europei del dopoguerra, con le soprascritte repubblicane sulle effigi dei monarchi: gli avevano dato un senso drammatico dei rivolgimenti politici di quelle nazioni. Ecco i francobolli più antichi e più costosi, del Papa, degli Stati Italiani, della Confederazione Germanica, semplici e piccoli coi loro colori sbiaditi. Ecco i francobolli coloniali, con paesaggi tropicali e figure di indigeni: l'avevano fatto sognare di quei paesi lontani. Ecco i francobolli commemorativi di qualche grande uomo o di qualche grande avvenimento: anche questi l'avevano fatto fantasticare. Gli era piaciuto acquistarli separatamente o in piccole partite dai cartolai, studiarne il prezzo e la storia nel catalogo francese. Gli erano piaciute le cifre che ne indicavano il valore, seguite dal nome di monete esotiche e mai viste. Gli erano piaciuti i timbri tondi che li contrassegnavano, con la data e il luogo di provenienza; ma soprattutto quelli a linee ondulate che l'avevano fatto pensare a flutti di mari che le lettere avessero dovuto varcare per giungere a destinazione. (*A. Moravia*)

113

L'amore per il cane è il rifugio delle anime deluse. Quando noi non crediamo più nel cuore umano, domandiamo conforto al cane, e quasi sempre esso corrisponde a questo nostro bisogno di tenerezza. Perciò generalmente il cane piace alle creature sofferenti, agli spiriti solitari, alle esistenze mortificate e provate. Non è per gli esseri felici. Ricordate la patetica storia di *Flusch*, come ci è stata raccontata da Virginia Woolf. Quando Elisabetta Barrett giaceva a letto immobilizzata da una grave malattia, per molti anni fu consolata dal suo piccolo cocker *Flusch*, il quale le stette sempre vicino, accoccolato sul suo letto, e le sacrificò tutte le gioie dei suoi anni di giovinezza. Allora Elisabetta lo compensò colmandolo di carezze. Ma quando nella vita di Elisabetta comparve il poeta Browning e per miracolo d'amore Elisabetta guarì e la coppia felice fu rapita in un turbine giocondo di vita, ahimé!, il povero *Flusch* fu dimenticato e fu lasciato correre come un randagio per le strade di Firenze.

Alcuni cercano e trovano la stessa consolazione nei gatti, nei quali credono di trovare una fierezza che non è del cane. Baudelaire fu uno di questi. Più imparziale, il geniale Léautaud amava cani e gatti, ed era riuscito, nella sua *ménagerie*, a stabilire un regime di pacifica coesistenza tra queste due specie atavicamente così avverse. Non intendo pronunciarmi. Personalmente riconosco che il gatto ha il fascino del mistero, ma, come ogni essere misterioso, mi sfugge e questo mi impedisce di preferirlo al cane, così confidente e senza segreti.

Non ho esperienza diretta di altri animali, ma so da altri che i passerotti, pur avendo a loro disposizione l'infinita vastità dei cieli, se acquistano fiducia nell'uomo, diventano con esso amabili e cordiali e sono capaci di mettersi a soggiornare in una stanza. Si dicono meraviglie del merlo e della sua intelligenza. Ma la cosa più sorprendente è che un mio amico adorava ed era riamato da una marmotta che conviveva con lui, con un'aquila mutilata di un'ala e con un cane da pastore abruzzese pazzo. E non crediate che questo mio amico fosse egli stesso pazzo, perché era un distinto studioso di criminologia ed era deputato repubblicano di Roma. E voglio finire con un elogio dell'asino, animale semplice, paziente, umile, infinitamente servizievole, che deve tuttavia la cattiva stampa che lo accompagna, unicamente alla bellezza del suo prossimo parente, il cavallo. Eppure, a guardarlo bene, l'asino è anche bello, quando[1] lo si capisca come lo capì Filippo Palizzi. (*P. Gentile*)

1. *quando* when followed by the subjunctive *quando* changes its meaning

114

Cominciava a venir gente. Gruppi di giovanotti e di ragazze in bicicletta scendevano per il viale, si spargevano lungo le rive del fiume, famiglie di popolani sopraggiungevano a piedi, un rombo di autobus si avvicinava, si allontanava, il fischio del trenino dell'Acquacetosa[1] si perdeva in un lieto frastuono di voci. Le donne traevano dai canestri involti di prosciutto, filoncini di pane, bottiglie di vino biondo. Frotte di bambini si rincorrevano gridando, cani randagi, accorsi da tutte le parti, si univano alle festose brigate infantili, le ragazze strillavano e ridevano rovesciando la testa all'indietro, i giovanotti parlavano forte, con larghi gesti di braccia, si davano l'aria di saper tutto, di capir tutto, di aver sempre ragione loro. Le donne erano grasse, brune, dalla pelle lucida: avevan collane e braccialetti intorno al collo, ai polsi, alle caviglie. Gli uomini erano scuri di pelle, avevano capelli nerissimi e lucenti, bocche larghe e rosse. E fra gli altri un operaio, seduto sull'erba con la sua famigliola, proprio a due passi dal tavolo dove sedeva il Signor Bonfante, appariva grave e dignitoso nella lentezza dei modi, nell'acuta fermezza dello sguardo pesante e vivo. I lunghi capelli, lievemente ondulati, gli ricadevano sul

1. *dell'Acquacetosa* the Acquacetosa railway (A. is a spot just outside Rome where the railway crosses the Tiber)

collo maschio, corto e muscoloso. Sembrò al Signor Bonfante che assomigliasse a qualcuno. Un viso che non gli riusciva nuovo. Si mise a fissarlo con una attenzione piena di simpatia e rimase con la forchetta a mezz'aria, incuriosito e incerto.

'Vuol favorire?' gli domandò a un tratto l'operaio, che si era accorto del suo sguardo insistente e del suo strano sorriso, offrendogli qualcosa in un imbuto di carta gialla.

'No grazie' rispose il Signor Bonfante, piacevolmente turbato. Ma subito gli parve di non aver risposto con quella cortesia che l'invito meritava. E chiamato il cameriere 'un litro' ordinò 'e del migliore'!

115

La società nazionale è profondamente cambiata fino a mutare il suo volto, ha problemi, interessi, bisogni nuovi e urgenti, ma i partiti politici, che di essa sono i rappresentanti e gli interpreti, sono rimasti indietro, si sono invecchiati innanzi tempo, si sono corrotti, sembrano fermi, ideologicamente e moralmente, alla data della loro rinascita: vent'anni fa. Così si dice, e in parte è vero. Chi ritiene che i partiti politici provochino soltanto confusione, corruzione, disordine; chi gli attribuisce le cause dell'impotenza o dell'inefficienza dello Stato, degli scandali amministrativi eccetera, si compiace di questa decadenza o senescenza, come fosse presagio, anzi certezza d'una non lontana scomparsa, senza rendersi conto che il vuoto sarebbe prepotentemente riempito da un unico partito, sorgente e motore d'una dittatura.

I partiti politici costituiscono effettivamente le basi di ogni regime libero e democratico; dunque, se vogliamo avere e conservare la libertà, dobbiamo anche volere i partiti. L'attuale polemica non ha e non può avere come obiettivo la scomparsa dei partiti, bensì il loro riordinamento e adeguamento ai problemi, ai bisogni, alle aspirazioni della nostra nuova società. I partiti non siano dunque[1] centri di potere, 'uffici di collocamento', dove debbano essere necessariamente

1. *i partiti non siano dunque* third person imperative

reclutati i dirigenti dello Stato, delle pubbliche amministrazioni, degli enti economici eccetera. Ci si oppone alla degenerazione dei partiti in cricche e camarille, che si sovrappongano allo Stato, all'amministrazione pubblica, alla società nazionale. Ci si oppone alla partitopatia,[2] come è stata chiamata appunto in questo giornale la decadenza o la degenerazione dei partiti.

Non v'è alcun dubbio, ripetiamo, sulla importanza e sulla necessità dei partiti. Una nazione, un popolo, una classe dirigente non hanno e non possono avere un'unica opinione, un unico obiettivo, un unico interesse; pertanto le diverse opinioni, i diversi obiettivi e interessi si esprimono attraverso i partiti. Ma la questione è un'altra ed è di gravissima importanza: i partiti non devono sovrapporsi agli organi costituzionali, cioè al governo e al parlamento, creando un potere segreto e irresponsabile.

2. *la partitopatia* 'party-itis'

116

Biasce[1] quei frastuoni lo ubbriacavano. Bisognava vederlo quel monellaccio ossuto e nervoso con quella gran cicatrice rossastra sulla fronte, dimenar le braccia, aggrapparsi alle funi come una scimmia, farsi sollevare dalla forza prepotente della sua Lupa,[2] arrampicarsi fin sulla loggetta per dar gli ultimi tocchi alla Canterina[2] fra il fremito cupo degli altri due mostri domati.

Lassù egli era re. Le edere rigerminanti salivano pel vecchio muro scrostato con un impeto di giovinezza; si attorcigliavano alle travi della tettoia come a tronchi vivi; coprivano i mattoni vermigli d'una tenda di piccole foglie cuoiose, lucide, simili a laminette di smalto; pendevano giù per le larghe aperture come sottilissimi rettili in germoglio; assaltavano le tegole allegre di nidi; vecchi e nuovi nidi già cinguettanti di rondini in

1. *Biasce* ... Biasce is the object of the verb: an attempt should be made to render the colloquial flavour of the inversion 2. *Lupa* ... *Canterina* ... *la Strega* nicknames given to the bells

amore. Lo chiamavano matto, Biasce; ma lassù egli era re e poeta. Quando il cielo azzurro si incurvava sulla campagna fiorente, e l'Adriatico s'empiva d'occhi di sole e di vele arance, e le vie tumultuavano di lavoro, egli se ne stava lì in cima al suo campanile, come un falcaccio selvatico, nell'ozio, con l'orecchio appoggiato a un fianco della Lupa, della sua bella e terribile fiera che una notte gli aveva spezzata la fronte; e la percoteva a tratti con le nocche, ascoltandone le lunghe vibrazioni deliziose. La Canterina lì accanto luccicava ch'era una galanteria,[3] tutta a rabeschi e a cifre, con l'immagine di Santo Antonio in rilievo, la Strega,[2] più in dentro, mostrava il vaghissimo ventre solcato per il lungo da un crepaccio e i labbri sgretolati. Che fantasticherie, che ghirigori di sogni bizzarri su quelle tre campane! che liriche piene di passioni e di desidèri!

2. *Lupa . . . Canterina . . . la Strega* nicknames given to the bells
3. *luccicava ch'era una galanteria* 'sparkled a real treat'

117

La grande sala era così colma, che, a guardare in giù, la platea pareva una piattaforma di teste incollate una all'altra, molte perfino calve a zero,[1] sconcertanti in una riunione futurista, lucide come dorsi di aragoste crude, e, accanto, macchie nere di zazzeruti certamente raccolti lì per fare scandalo! Un rombo sordo di parole, di tossicchiamenti, di piedi strisciati ad arte sull'impiantito, saliva dal fondo a folate. In segno di schifiltosa protesta, proprio come era avvenuto nella famosa serata di Firenze nel '13 (che sei paia di piedi stettero affacciati al parapetto di un palco, per quanto durò la battaglia di legumi, di patate e di uova), questa volta due sole ne apparvero così levigate e rifinite che non potevano essere che di un pingue passatista!

Le teste ogni tanto si voltavano verso la porta da dove avrebbe dovuto entrare Marinetti. Invece, con stupore di tutti, si avanzò non senza incertezze un giovane lungo lungo,

1. *calve a zero* 'as bald as eggs'

pallido e magro, come Valentin le Disossé.[2] Aveva un soprabito scuro fino ai piedi. Arrivò fino alla cattedra e iniziò una violenta requisitoria, più di insulti che di argomenti, contro l'atteso leader futurista. Non passò più di un minuto. Rapido come un siluro sbucato non so da dove, gli piombò addosso Marinetti col volto in fiamme, folgorandolo con una gragnuola di ceffoni, che risuonarono con lo schiocco violento degli schiaffi finti dei clowns, sonorizzati dietro le quinte. Ma qui non c'era solo il rumore!

La sala fu scossa da un terremoto. Urla, battimani, battipiedi, osanna e pernacchie. Il fantasma in soprabito andò in fumo. Marinetti iniziò l'eruzione di un suo manifesto accompagnato da sibili e schiamazzi.

Fu così che lo vidi per la prima volta e per quanto io repugni da ogni forma di violenza, come da una peste, restai a guardare esterrefatto, ma non senza ammirazione, questo focoso intellettuale combattente, ricco per altro di ingegno e di coraggio.

Marinetti era molto più di uno schiaffeggiatore! Aveva vocazione di poeta, ma l'ambizione e la voglia pungente di polemica letteraria e la esuberanza della fantasia gli presero la mano.

Era un romantico decadente camuffato da innovatore esplosivo.

Dal suo cranio scaturiva una continua fosforescenza di idee, che brillavano in molte elettriche parole. Di queste idee parecchie sono restate vive e hanno suscitato altre idee. A noi qui interessa il teatro. Ne intuì fin da allora il tedio che andava planando sulle platee. Il suo 'teatro sintetico', tolto il bluf, metteva a confronto mondi opposti e i loro irrefutabili contrasti in poche battute, creando uno strumento suggestivo che ricomparve nella drammaturgia di poi. Perfino il teatro di varietà ebbe i suoi manifesti, ricchi di invenzione, divenuti più tardi di uso comune. (*E. Ferrieri*)

2. *Valentin le Disossé* 'the Boneless Wonder'

118

Ferrari era venuto, ci disse, a mangiare in trattoria per caso. Aveva fatto tardi; stava con sua moglie e il bambino così lontano, in una specie di bicocca o casa popolare alle porte di Roma, una camera orribile, trovata a gran stento, che non se l'era sentita di andare fin laggiù. E poi, aveva incontrato la sorella, che aveva dato un esame, e l'aveva portata con sè. Per lei, era un'avventura insolita; non usciva mai di casa. Lei sedeva in silenzio vicino a me. Vedevo il suo profilo, con la fronte convessa, il naso diritto, la bocca sporgente, il mento deciso, il collo tondo su un corpo sottile; i suoi occhi chiari, d'un verde trasparente, come quelli di un gatto, ci guardavano, aggrottati come per una istintiva difesa, intimiditi dal luogo insolito, dal rumore, dal fumo, dalla nostra presenza.

Ferrari aveva parecchi anni più della sorella, che era ancora quasi una bambina. Non le somigliava, d'aspetto. Era piccolo, magro, con un'aria interrogativa e ingenua sul viso lentigginoso, dagli occhi infossati e scuri. Aveva un leggero difetto di pronunzia, un accenno di balbuzie, che non impediva una certa baldanza e irruenza d'espressione, anzi, certe volte, la rendeva più efficace, la sottolineava, la annunciava. come un motore che scoppietti[1] al momento di mettersi in marcia. Era un letterato; aveva combattuto nella Resistenza; si era trovato, alla fine, povero; senza il padre che aveva sempre provveduto a lui e alla sua famiglia. Aveva dovuto accettare un posto in un Ministero.

'Lo stipendio è piccolo, ma che cosa potrei pretendere di più? È una sinecura. In tre mesi che ci sono, ho avuto un solo incarico: scrivere due o tre paginette di relazione sulla condizione dei partigiani smobilitati: un'ora di lavoro al massimo.'

(*C. Levi*)

1. *un motore che scoppietti* 'an engine that backfires'

119

Parlava con estrema mansuetudine e i suoi occhi dietro gli occhiali di cristallo purissimo brillavano di compiaciuta condiscendenza, avendo pur sempre l'aria di ricorrere, anche fuor di proposito, all'arte paziente e didattica di persuadere i grandi pigri, i solenni restii. Portava gli occhiali e portava similmente un tantino di barba, un esile pizzetto rossiccio, che intendeva forse indulgere al vecchio asserto di sapore tutto convenzionale che un gran medico, chiamato spesso a consulto, mai e poi mai debba presentarsi sbarbato. Sempre aveva sorriso il professore alla civetteria del padre che s'era tolto i baffi, sicuramente per ringiovanire, fin da quando un simile sacrificio era soltanto imposto agli attori. Piccolo come il padre, con quasi la stessa corporatura, con spalle anche piú fragili e rientranti, con una fronte piú prolungata nella calvizie, con piú radi capelli i quali si raccoglievano vantaggiosamente respinti all'indietro, con occhi spostati nell'incavo delle orbite, al di là degli occhiali, forse per una deformazione connessa all'uso del microscopio, non doveva poi somigliare a suo padre nell'espressione del viso se a questo egli aveva soprammesso da tempo una maschera professionale: quella di chi insegna con sicura autorità ai giovani medici di domani, assistenti negli ospedali o interini nelle campagne, di chi nella piena maturità decide per la vita o per la morte scostandosi da un letto monumentale, talvolta persino con baldacchino.

(*M. Moretti*)

120

Vecchio salotto, dove regnava un ordine insoffribile, quello! V'era lo scaffaletto da ninnoli, con dei minerali preziosi e degli uccelli imbalsamati; v'era la tavola con dei mostri cinesi, degli albi di famiglia e dei libri regalati dai giornali cui il signor Folengo era abbonato; v'eran quegli oggetti e quei mobili volgari, che disposti in qualunque modo, messi sotto qualunque luce, formano sempre un solo tipo di casa, producono sempre una sola impressione. Tuttavia, dopo i quadri, io passavo in rivista accuratamente quelle cose notissime, rilevando la maniera sciatta con cui le si eran collocate, e così ligia alle regole di riscontro[1] ch'io mi volsi per vedere se non vi fossero anche due caminetti, uno di faccia all'altro.

Il gusto informatore della disposizione era indubitabilmente del ignor Folengo; e il visitatore meno atto all'osservazione poteva giudicare che il padrone di casa doveva essere inclinato meglio alle cifre che alla meditazione, meglio al commercio che all'arte; se poi, di questo padrone si guardava il ritratto — attaccato alla parete principale e naturalmente di fianco a quello della sua signora — il signor Folengo appariva, senza speranza alcuna, ragioniere, amministratore; uno di quei terribili uomini i quali vi parlan della Borsa, dei corsi d'acqua, d'edilizia e di cambiali, allo scopo di divertirvi. Egli aveva una fisonomia senza significato, per natura e per arte; sulla sua fronte, non troppo alta, ma levigata come di marmo, nessun pensiero aveva fatta presa; la computisteria gli era stata leggiera; egli ignorava perfettamente l'esistenza di Dante e di Raffaello.

1. *regole di riscontro* 'rules of symmetry'

121

Bombardano. Gli aerei alleati sono ora visibili, a non grande altezza, quasi sopra di noi. I camion tedeschi si fermano di colpo, la truppa ne scende e si sparpaglia pei campi, si nasconde nei fossati.

Una bomba scoppia vicinissima a noi, lo spostamento d'aria[1] ci butta a terra. Un vecchio contadino, con la barba bianca ed aguzza, esce da una casetta e corre a ripararsi sotto a un albero: si addossa al tronco, trema dal capo ai piedi e guarda in alto, tra le foglie dell'albero, seguendo il volo degli apparecchi.

Una famiglia di contadini attraversa correndo il vasto

1. *spostamento d'aria* 'blast'

campo arato. Tutti, anche i bambini, portano qualcosa sulle spalle, sacchi, masserizie, utensili di cucina. Una donna porta sulla testa un grande materasso. Guardiamo stupefatti, trattenendo il respiro: chissà perchè ci sembra di aver già visto questa scena. Ci sembra che il tempo si sia fermato, e ferme siano, nell'atto e nei gesti della corsa, le figure fuggenti con i loro poveri stracci: e il gonnellino rosso di una ragazzetta, i capelli scarmigliati di una donna, siano alzati stirati ed immobili nel vento, contro il lontano sfondo degli alberi e delle basse nuvole, che il tramonto tinge di viola. In un vecchio giornale illustrato, che sfogliammo un tedioso pomeriggio della nostra infanzia, ecco forse dove avevamo già visto questa scena e queste figure: era una xilografia colorata, 'Les horreurs de la guerre'. La pietà si confonde al ricordo; e l'antico intenerimento di fronte a quelle immagini favolose si confonde al profondo stupore di ritrovarle vere. Dunque, era proprio così? Quel male immenso, quelle sciagure terribili che colpivano senza ragione gli inermi e gli innocenti erano vere? E quella commozione che provammo bambini al solo immaginarle era giustificata? Ahimè, sì! Gesù aveva pianto nell'orto di Getsemani, era stato flagellato e crocifisso, e il nostro dolore e il nostro amore non erano una follia.

(*M. Soldati*)

122

I suoi genitori erano di Forlì; perciò la madre, religiosa e leggermente bigotta, avrebbe voluto chiamarlo Mercuriale,[1] in onore del Santo della città; ma il padre, un artista selvatico e strambo, s'era ribellato a quel Protettore che gli sapeva d'unguento insetticida, e s'ostinava a dargli il nome di Melozzo. Per mettersi in qualche modo d'accordo e per far piacere al nonno, finirono col battezzarlo Zenobi; ma lo chiamarono sempre Zubi, più per amore di brevità che per vezzeggiativo.

Zubi Verani era cresciuto in silenzio, un po' abbandonato

1. *Mercuriale mercuriale* also means 'mercurial ointment', formerly used as an insect repellent

a se stesso, e s'era abituato a parlare tra sè e sè, a temere sua madre, e ad ammirare, in tacita verecondia, ma fanaticamente, il babbo che non lo accarezzava mai, neppure con lo sguardo, ma lo rispettava come un uomo, e dipingeva certe figure e certi paesi che aprivano alla fantasia del fanciullo il paradiso del sogno.

Frequentava i primi corsi del ginnasio, e già non aveva desiderio, passione più accesa che di penetrare nell'immenso studio paterno; una soffitta arruffata e disordinata, chiusa intorno intorno da vetri impiastricciati da colori, su cui si arricciavano le tende tutte squarci e polvere.

E quando era riuscito a penetrare di nascosto là dentro, pian pianino si accucciava in un angolo, si raggomitolava in delizia sopra se stesso, e guardava immobile suo padre, alto e forte come un gigante, che credendosi solo, scoteva il gran capo chiomato, e faceva le più curiose smorfie davanti alla tela, parlando forte e bestemmiando, lamentandosi della propria imperizia, finchè non scagliava per terra pennelli e tavolozza col furore della disperazione. Ma Zubi aveva capito che suo padre era un grandissimo artista. (*V. Brocchi*)

123

Sarà soltanto il sole che fa bene? Sarebbe forse più scientifico parlare in generale di forze cosmiche insite nell'ambiente? E come si spiega la potenza vivificatrice del calore, del sole, dell'aria libera? Siamo ancora in pieno mistero. Forse, sotto questi benefici influssi, la gola indifesa dei soggetti minacciati si muta in un terreno indurito e refrattario, dove lo streptococco non riesce più a campar la vita. E questo stesso fausto mutamento si produce anche nel cuore, nelle articolazioni, nei vasi sanguigni, in tutti quanti i tessuti, per virtù della vita al sole e all'aria libera. Son tutti quesiti che richiedono esperimento. Tutto il problema si concentra nell'ottenere un miglioramento delle condizioni generali, conseguenza del misterioso tocco di speciali e certamente non ancora determinate radiazioni solari.

124

Era uscito di casa quasi fuggendo, ma appena sulla strada la vivezza della luce lo arrestò. Passava molta gente, una indefinibile allegrezza si espandeva nell'aria col suono delle voci da tutta la festività delle facce e delle vesti; le finestre sembravano aperte alla letizia sopra le botteghe chiuse nella tranquillità del riposo.

Istintivamente egli si riadattò il cappello sulla testa ed allentò il passo, dirigendosi verso la barriera, oltre la quale si scorgeva il ponte in ferro fra il borgo e la città e subito dopo, nell'avvallamento del suolo, un grosso gruppo di case dipinte di giallo. Fuori, la via di circonvallazione era fiancheggiata da masse enormi di sabbia che s'imbiancava al sole; di quando in quando un parapetto giallognolo impediva alle carrozze e ai passanti di pericolare nel fiume, già scarso d'acqua fra le ripe scabre e senza piante. Ma anche lì proseguiva la festa della domenica. I soliti operai non trascinavano su per le ripe, col viso adusto, i calzoni rimboccati fin sopra il ginocchio, ansando e vociando, le carriole cariche di sabbia sgocciolante. Non passavano carrette; i contadini allegri ritornavano dalla città ai campi, dopo la messa; piccoli scolari vagabondavano nell'ozio e nella incertezza del chiasso, col quale stordirsi.

Di qua e di là del fiume i campi si stendevano sotto al sole, in una gioia verde, lampeggiante di sorrisi nel tremolio delle foglie, mentre gli uccelli festanti si inseguivano per l'aria rapidi e bruni, o s'arrestavano talvolta sulla cima flessibile di una fronda quasi ad ammirare l'incantevole mattino.

Egli solo camminava preoccupato. Oltrepassò il ponte, bel ponte di un arco solo; volse a sinistra per un sentiero fra la riva e l'orto che era deserto. Un uccello pigolò dall'altra ripa del fiume; lontano, ad un campanile suonò ancora una messa.

(*A. Oriani*)

125

Le baracche dei cavapietra sono state costruite con residuati di guerra, lamiere ritagliate, bidoni arrugginiti, cartoni neri di bitume granulato.[1] Si trovano in un valico tra due colline, circondate da un filo spinato sostenuto da picchetti in legno, e sotto questo cielo di spugna l'eco della pietra spaccata a forza di muscoli si spappola. Talvolta il lavoro si arresta e il silenzio è di un cimitero; talvolta anche la sera gli uomini rompono la roccia al lume di lanterne ad acetilene, e le loro ombre si dilatano gigantesche.

Quando sono entrato nel cantiere ho sostato per un attimo, con i piedi in una pozza di fanghiglia, di argilla e di frammenti argentei di mica. L'imprenditore era venuto incontro, sorridente e soddisfatto. 'Sí, signor console, sono contenti. La paga è buona e se tengono sodo al cottimo,[2] di soldi ne ottengono parecchi . . .' 'Se tengono sodo', ha precisato ancora. Io ho taciuto.

Io so che quest'uomo, con il viso di buongustaio come un macellaio, non è in regola con le leggi sociali[3] e che una denuncia nei suoi confronti avrebbe poco effetto. D'altra parte è il solo imprenditore che, nonostante i decreti, le sanzioni, le ingiunzioni, i gendarmi, assume sempre gli immigranti in cerca di lavoro.

Vedo forme umane, grigie sulle doline[4] di pietra biancastra. Il rumore è lacerante, violento, di materia infranta col piccone. Amara è la mia inquietudine di mandare uomini a una fatica massacrante. Ma se le industrie metallurgiche, l'unica fabbrica di mattoni, rispondono negativamente alla mia richiesta di trovare un ingaggio, chi darà loro un lavoro? Dove si recheranno a dormire, questa sera, quando io vado nel mio letto? (*E. Terracini*)

1. *cartoni neri di bitume granulato* 'sheets of black tar-paper' 2. *se tengono sodo al cottimo* 'if they put their backs into the piecework' 3. *le leggi sociali* 'the social security regulations' 4. *doline* 'gulleys'

126

L'illuminazione della galleria sarà a intensità graduale: più violenta presso i due imbocchi, per evitare un contrasto brusco con la luce del giorno, si attenuerà verso il centro, quando l'occhio dei guidatori si sarà ormai assuefatto alla variazione. Ogni automobile dovrà sostare all'imbocco del tunnel in attesa del suo turno. Il via sarà dato da un occhio elettrico, da una spia luminosa che, scorrendo lungo la parete della galleria, accompagnerà metro per metro ogni vettura, assegnandole una velocità prefissa (da 55 a 65 chilometri l'ora, a seconda dell'affluenza dei veicoli), e una distanza prudenziale e costante dall'automobile precedente. Un complesso di altoparlanti diffonderà lungo tutta la galleria gli ordini della direzione del traffico agli automobilisti, gli avvertimenti o magari gli allarmi. Agenti motociclisti collegati tra loro e con la direzione per radio saranno pronti a intervenire lungo tutto il percorso, che durerà, alla velocità prestabilita, dagli undici ai quindici minuti. Gli autocarri dovranno attendere sul piazzale i turni a loro riservati. I veicoli più lenti viaggeranno in galleria raggruppati, non mai mescolati alle autovetture.

Attraverso il tunnel sotto il Monte Bianco passeranno, secondo le previsioni, da 350 mila a 500 mila automezzi all'anno, nei primi anni di esercizio. Essi sfoceranno, da parte italiana, in una valle stretta e tortuosa lunga cento chilometri.

127

La moda è la moda. Né la dimostrazione che essa va contro la natura umana non quando copre ma quando scopre le donne, né le prediche religiose o moralistiche potrebbero sconfiggere la moda. O forse è vero che, diversamente da quel che può sembrare, i nostri tempi sono impudichi perché sono meno erotici, o meno sottilmente erotici, di quelli di mezzo secolo o di un secolo fa.

Rimane certo che l'autorità pubblica ha rinunciato a battagliare contro il nudo femminile. Ha fatto benissimo per non cadere nella duplice disfatta del ridicolo e dell'impotenza. Le giovani guardie che passano lungo le spiagge in costume da bagno, con la scritta 'Pubblica sicurezza'[1] sulla maglietta, non sono qui per misurare i *bikini*. Guardano, ammirano senza darne segno, e vanno avanti. Sono qui per proteggerci dalle insidie del mare e non dalle tentazioni femminili. Aggiungo che se il monopezzo, o *topless*, è stato abbandonato, la ragione consiste nello sfavore che esso incontrava nel pubblico femminile. È un indumento pericoloso, per motivi evidenti, e poche potrebbero portarlo con vantaggio estetico. Se non fosse per questo, le pubbliche autorità, a un certo punto, avrebbero finito per accettare anche il *topless* dopo una serie di inutili e affannose resistenze.

Le esperte di queste cose mi dicono che c'è stato il tentativo di tornare, se non a coprire, almeno a velare il corpo femminile. E vedo, infatti, ogni tanto, certi costumi nei quali il pezzo superiore e quello inferiore sono legati da una specie di rete. Non mi sembra che abbiano molto successo, almeno qui a Ischia. Quel gioco di coprirsi più per istinto che per imperioso dovere, che Musil splendidamente descrive, non ha fortuna, nemmeno nella forma assai attenuata e allusiva del costume a rete.

Un giorno, forse, tutto questo cambierà, ma non per le prediche dei moralisti o, ancora meno, per le velleità autoritarie: cambierà perché il gusto, la moda saranno diventati diversi. O forse non cambierà mai. Chi può prevederlo? Una coalizione delle donne che in *bikini* sfigurano, e sono la maggioranza, potrebbe far venire in favore un costume da bagno meno sommario. Ma non sono molte le donne che hanno la consapevolezza della propria inferiorità fisica e del vantaggio estetico che potrebbero trarre da un abbigliamento più severo. Seguono la moda, che è fatta da alcuni sarti e imposta da un certo numero di indossatrici, di attrici e di personaggi femminili conosciuti. Da questa palla di neve nasce la valanga degli indumenti in serie. (*D. Bartoli*)

1. *pubblica sicurezza* 'Police'

128

I passeggieri arrivati da Roma col treno notturno alla stazione di Fabriano dovettero aspettar l'alba per proseguire in un lento trenino sgangherato il loro viaggio.

All'alba, in una lercia vettura di seconda classe, nella quale avevano già preso posto cinque viaggiatori, fu portata quasi di peso una signora così abbandonata nel cordoglio che non si reggeva più in piedi.

Lo squallor crudo della prima luce, nell'angustia opprimente di quella sudicia vettura intanfata di fumo, fece apparire come un incubo ai cinque viaggiatori che avevano passato insonne la notte, tutto quel viluppo di panni, goffo e pietoso, issato con sbuffi e gemiti su dalla banchina e poi su dal montatoio.

Gli sbuffi e i gemiti che accompagnavano e quasi sostenevano, da dietro, lo stento, erano del marito, che alla fine spuntò, gracile e sparuto, pallido come un morto, ma con gli occhietti vivi vivi, aguzzi nel pallore.

L'afflizione di veder la moglie in quello stato non gli impediva tuttavia di mostrarsi, pur nel grave imbarazzo, cerimonioso; ma lo sforzo fatto lo aveva anche, evidentemente, un po' stizzito, forse per timore di non aver dato prova davanti a quei cinque viaggiatori di bastante forza a sorreggere e introdurre nella vettura il pesante fardello di quella moglie.

Preso posto, però, dopo aver porto scusa e ringraziamento ai compagni di viaggio che si erano scostati per far subito posto alla signora sofferente, potè mostrarsi cerimonioso e premuroso anche con lei e le rassettò le vesti addosso e il bavero della mantiglia che le era salito sul naso.

— Stai bene, cara? —

La moglie, non solo non gli rispose, ma con ira si tirò su di nuovo la mantiglia — più su, fino a nascondersi tutta la faccia. E egli allora sorrise afflitto. (*L. Pirandello*)

129

Vogliono dare un'occhiata al mio teatrino? Di qua, prego.[1] L'ho ricavato, con le forbici e la pazienza, da una vecchia cappelliera di fibra vulcanizzata. Perciò è rotondo; ma non desidero, andiamo, rappresentarvi drammacci da arena od ospitarvi circhi equestri. Osservino pure: il mio teatrino non è che una ribalta, priva di sala e di retroscena. L'ho ideato così apposta, ben sapendo che le mie commedie non le scriverò mai. Per esempio, questa dell'uomo che ricordava esclusivamente il proprio avvenire, Vincenzo; ho preso Vincenzo da una rivista americana; egli stava fumando nella morbida ragnatela di un disegno che esaltava una celebre marca di sigarette; ma era il mio tipo; con le forbici e con la pazienza ho scritturato lui, nonché il geometrico dottor Silvio, nonché l'enorme radiogrammofono situato in primo piano qui, nonché Fulvia la bellissima protagonista che, se non erro, affermava, sulla pagina da cui mi colpí, di dovere al sapone di latte d'asina turca la innegabile freschezza della sua carnagione. Un regista? Per carità.[2] Anche se la presente operetta venisse recitata in un effettivo teatro, non tollererei altri padroni che il radiogrammofono e un servo di scena per badargli. I miei attori, figurine ritagliate, non debbono parlare. Essi riflettono sulle proprie voci diffuse dallo strumento, nel quale il fattorino che ho detto rinnova man mano il disco. La storia di Vincenzo me la invento.

1. *di qua, prego* 'kindly step this way' 2. *per carità* 'don't be so silly'

130

Rosita era soddisfatta. In questa cittadina la sua famiglia abitava in un gran palazzo e era pazza per il teatro. Tutte le sere Rosita metteva a sua disposizione un bel palco, ma come le donne del palazzo fra vecchie e giovani erano in numero di otto e nel palchetto non ci stavano tutte, così facevano il turno.

Rosita aveva preso l'abitudine di mangiare dopo la recita come le sue colleghe di prim'ordine, le grandi attrici. Aveva quasi sempre cenato prima e non dopo, e qualche volta s'era anche rifocillata fra un atto e l'altro nel camerino, alla luce delle due candele di sego. Era giovane, aveva sempre fame, ma ora abitava in un gran palazzo, e si risvegliava in lei il piacere delle abitudini signorili che non le erano, in verità, del tutto nuove se[1] le fingeva spesso sulla scena preparando una tazza di tè senza tè o gustando con abili manovre un pollo di cartone.

Inoltre le pareva di continuare a recitare, ma i brodini eran veri, il pollo era vero e non di cartone e le ragazze sempre disposte a servirla mentre lei non aveva fino allora conosciuto una 'cameriera' che non fosse un'attrice. Così, dopo mezzanotte, in sala da pranzo, la tavola era preparata per lei col tovagliolo sempre fresco ficcato nel bicchiere a ventaglio, coi piatti di porcellana e le posate d'argento delle grandi occasioni, e il vasetto di fiori davanti al piatto acquistati dal fioraio.

Gustava quei brodini, quegli ottimi cibi, sorbiva l'uovo, sorrideva in una pausa, e vedeva intorno i volti compiaciuti d'almeno otto donne, che le dicevano brava, non si capiva se perché aveva ben recitato o perché mostrava, all'una dopo mezzanotte, o anche più tardi, un eccellente appetito.

(*M. Moretti*)

1. *se* 'since'

131

Nel maggio '45, subito dopo la liberazione, la famiglia mi spedí precipitosamente in città, a causa dell'annuncio di requisizione di alcuni locali del nostro appartamento dove contavamo di tornare fra breve. Infatti sulla porta di noce pendeva, appesa per una sola vite e stranamente arricciolata, la lamina d'ottone col nome di mio padre sopra la quale, accuratamente fissato con quattro puntine da disegno, biancheggiava il foglio di requisizione della Commissione alloggi.

Girata la chiave nella toppa, entrai in anticamera. Mi sedetti sul divano, contemplando la valigia che, col suo vecchio cuoio lustro dall'uso, sembrava sul pavimento grigio di polvere straordinariamente pulita; e mangiai uova sode col pane. Come si sa, le uova sode fanno sulla lingua, specie se questa è già arida per un viaggio in camion, una poltiglia tenace, d'effetto alquanto deprimente. Così, lasciai scendere tutta la sera fumandoci su, per fugare la depressione insieme con le zanzare, la fine d'un pacchetto di Nazionali.

Il risveglio però fu piacevole. La città mi mandava il suo brusío mattutino, la città semidistrutta che già cominciava a rivivere, indomata, alacre, quasi gioviale, su tutte quelle macerie che me ne rendevano amabile la bruttezza. Godevo i passi delle persone sul selciato, le grida dei venditori ambulanti, terse nell'aria di maggio, mentre il profumo dei tigli del giardino aleggiava fin dentro la stanza come una nuvola di freschezza.

Il primo lavoro era naturalmente prendere i dati delle occupanti ricorrendo al registro della portiniera.

(*L. Zaleo—adapted*)

132

L'ex-marinaio arriva alla porticina di ferro, la spinge, è senza serratura; la sua pesantezza gli ricorda la vita nei sommergibili. Entra dentro. C'è odore di aghi di pino marciti e un ordine calmo per tutta la penombra. Le bombe sono allineate, salgono verso il soffitto, vi sono strettissimi corridoi tra le diverse colonne. Depone la sua, cerca prima il punto più asciutto, apre l'involucro, si assicura che la miccia sia ancora attaccata e intatta. Allora accende la sigaretta, prima se n'era dimenticato. Dopo alcune tirate che aspira lentamente, godendosi quella calma, tocca con la brace l'apice della miccia; subito comincia il frettoloso friggio della polvere. Esce fuori dal capannone. Sul fianco ci sono ancora quegli operai bighelloni. Indugia ancora un secondo, poi esegue l'ordine dell'ammiraglio. Cominciando a correre grida: 'Allarme! l'aereo! l'aereo!'

Di suo aggiunge: 'Scappate! scappate!' e sente che vorrebbe gridare: 'Venite con me, tra pochi secondi scoppia il capannone, ci ho messo una bomba.'

L'ex-marinaio si trova in mezzo alla pineta. Lo scoppio, un

lunghissimo boato. Si getta a terra, si rialza subito, vuole allontanarsi da quel luogo. Avvicinandosi al quartiere della darsena gli arrivano urla di spavento, un acuto e confuso intrecciarsi di richiami. Già alle prime case vede correre gente, si grida, si pronunciano nomi, uno domanda all'altro e una voce più chiara si distingue e si ripete: 'Dei morti! ci sono dei morti!' Una vecchia sulla porta, immobile, una mano che stringe un battente come in un naufragio, ripete: 'Mio figlio. Datemi mio figlio.'

L'ex-marinaio, pallido, con una voglia acuta di piangere, si allontana, percorre altre strade, anch'esse in allarme.

'Sono stato io' mormora e gli pare d'essere un sonnambulo che si risveglia. 'Mi hanno fatto fare questo obbrobrio . . .' e pronunciando tra di sè queste parole è come se una verità precisa e crudele gli venisse incontro.

133

Tutto rammento, bimbo due volte perduto: perduto prima in me, poi nella creatura mia in cui m'ero rivissuto. Tutto rivedo e risento. Come ora, è maggio; e nel giardino della zia, sotto il muro scrostato, debbono esser fioriti i rosai e gli amorini. Ma la nostra casa non sa che cosa sia un giardino. Sulla strada ha soltanto due finestre, quelle del salotto buono, dove non si entra quasi mai e dove c'è il gran ritratto di Garibaldi che volge gli occhi da tutte le parti; le altre danno sulle due corti, a mezzodí e a tramontana, e sono aperte.

Di là il sole taglia in obliquo la cucina e batte sulle due brocche di rame che sono nell'angolo dell'acquaio. Di qua, tra case piú alte, un tetto basso di tegoli ingrommati di licheni grigiogialli e guernito di ciuffi d'erba s'inclina sulla ringhiera rugginosa di una lunga terrazza di mattoni inverditi dall'umido, dove il sole non arriva mai: la terrazza della 'casa di là'. Cosí chiamavamo, con parole su cui oggi mi si stendono lunghe ombre di cipressi, un appartamento ch'era pur nostro, ma rimaneva sempre chiuso, ché non si trovava a chi affittarlo. Mi accorgo ora quanto sia stata intristita la mia piccola anima di bimbo dalla vicinanza di quella casa disabitata, da quelle finestre polverose che ci stavano addosso, a guardare come occhi spenti, attraverso la breve corte desolata, la nostra povera vita. (*G. Civinini*)

134

Aspettai un momento sul pianerottolo, dinanzi alla porta massiccia color noce, dove sopra un cartello di ottone lustro erano incise in caratteri alti e neri le sillabe di quel nome pieno per me di meraviglie e di misteri. Finalmente ebbi la forza di suonare. Venne ad aprirmi una donna attempata, grigia in testa, e vestita di nero. Pronunziai sotto voce il nome fatale e fui fatto passare. La casa aveva tutto l'aspetto di essere abitata da un impiegato benestante e amico della quiete. Un volgarissimo attaccapanni con lo specchio luccicava dinanzi all'entrata.

La donna m'indicò un lungo andito a destra, intappetato e rischiarato a fatica da una lampadina elettrica nascosta in un fanale di ferro battuto. In fondo a questo corridoio si scorgeva l'uscio aperto d'una stanza. Entrai e fui lasciato solo. Era, più che una stanza, un piccolo gabinetto quadrato colle finestre serrate: c'era da una parte una libreria nera coi vetri nascosti da tendine gialle; dall'altra uno schedario come si vedono in tutti gli studi di avvocato; e appoggiata alla parete di fondo una scrivania, dove non si vedeva che una boccetta d'inchiostro e una penna da un soldo.[1]

Per dir la verità l'aspetto di quella stanza così meschina, raccolta e ravviata turbò leggermente le mie previsioni. Non c'era lì dentro assolutamente nulla che annunziasse la presenza dello strano genio ch'ero venuto a cercare.

— Che abbia sbagliato casa? Che si tratti di un parente, di un omonimo? — pensavo fra me. (*G. Papini—adapted*)

1. *da un soldo* 'cheap'

135

Di tanto in tanto spunta un topo. L'ombra, lunga, corre sotto gli usci fra la saletta da pranzo e la dispensa; o la bestiola, forse di primo pelo,[1] forse più interessata che atterrita dal primo incontro col bipede mostruoso, si pianta alla parete della cucina in faccia alla cuoca, non fugge ancora, fissa con ardire quasi umano l'essere umano che lo sgrida e lo scaccia.

Allora si mette qua o là, una trappola. O, se non giova, si chiama lo sterminatore, che è il nome pomposo in America dell'impiegatuccio che va di casa in casa con le sue polverine.

Venutomi sottocchio uno di questi visitatori una sera in luogo insolito, la mia stanza da bagno all'altra estremità dell'appartamento, avvisai la famiglia. Ma non se ne diedero per intesi.[2] Anch'io non ci pensai piú che tanto. Mi pareva improbabile che il rosicante s'affezionasse a un luogo dove da rosicare non sapevo gran che.

Invece varî giorni dopo, una domenica, levatomi come al solito mattiniero, che in autunno inoltrato vuol dire prima di giorno, scorsi nel lucore antelucano in fondo al bianco della tinozza una chiazza nera, come un buco; e, accesa la lampada, riconobbi il topo. Guizzò appena; poi stette, stretto nelle spallucce per lo scatto; saggiò due o tre volte col vibrar della coda, tre volte piú lunga di lui, una specie di antenna o sesto senso, le direttive di scampo. Ma non ce n'erano, e lo sapeva già. Sarebbe come se un essere umano pensasse d'issarsi a salvamento scalando con nient'altro che mani e piedi venti metri di muro liscio.

Avrei preferito che l'animale non si fosse posto in un guaio cosí completo, a perdizione sua e fastidio mio. Come aveva fatto?[3] E perché? (*G. A. Borgese*)

1. *di primo pelo* 'green' 2. *non se ne diedero per intesi* 'they didn't care a hang' 3. *come aveva fatto?* 'how had it got there?'

136

Verso mezzanotte l'uomo stava per spegnere la luce quando un'ombra fluttuante e sinistra, uno sgorbio sulle pareti, uno zig-zag rapido come il baleno passò sulla sua testa, sparendo poi verso la tenda che copriva il lavamano. Si udì subito uno strillo acutissimo.

— Un pipistrello! — urlava lei torcendosi d'orrore. — In che razza d'albergo m'hai trascinata? Mandala via la bestiaccia, mandala via!

Urlava di sotto le lenzuola, per paura di essere sfiorata dal volo immondo. Le sue parole erano sorde e convulse; suggeriva di dargli la caccia con un bastone, con un ombrello, tenendo la finestra spalancata e la lampada spenta. Forse l'attrazione delle luci esterne, chissà . . .

Al buio, in pigiama, con la testa protetta da un asciugamano, egli percorse la stanza in su e in giù inciampando nelle sedie, agitando il cartoccio di una rivista illustrata, finchè trovatosi a portata di mano un bottone sul muro lo toccò facendo sprizzare un'onda luminosa che partiva da una conchiglia trasparente posta in alto, molto in alto.

— Dev'essere andato via — disse cercando di apparire calmo; e si accostò alla finestra per chiuderla. Ma subito un guizzo vischioso gli sfiorò la fronte, l'ombra pazza sfarfallò ancora sul muro e si estinse sulle inattingibili cime di un nero armadio.

137

Via via che s'avanzava, la terra s'appiattiva e s'andava così veloci da credere che mai mai ci si sarebbe potuti fermare. Carlo tutto preso dal pensiero della rotta, stava curvo come per non sentire il vento. Il suo volto avido e carnoso si profilava contro l'orizzonte, su da una leggera maglia a righe bianche e gialle che gli fremeva sul petto. L'altro aveva cominciato a parlargli. Alle parole incomprensibili ma piane, suonò subito una risposta breve. Si parlavano con dolcezza e come se io non ci fossi. Compresi dal continuo indicare il mare, che cercavano un punto dove le onde fossero meno mosse. Dopo non molto parve che lo avessero trovato. Allora calarono la vela e tolsero l'albero. Il battello galleggiò sulle acque ondulate come una pasta azzurra e lucente. Rimasero in piedi e si parlarono nel preparare gli arnesi per la pesca. Quando tutto fu pronto, Carlo che era il più disinvolto, mi disse: 'Giovanni!' come un'invocazione, e presi i lunghi remi, me li fece impugnare ordinandomi come animato da una necessità indiscutibile, di vogare mantenendo costante la direzione del battello. I remi assai sporgenti dal bordo erano di facile manovra e per far vedere che non ero debole, mi diedi subito a vogare con forza.

138

Non potrò mai dimenticare le latterie in certi pomeriggi del 1921, latterie sempre piene di segatura sul pavimento grasso, lo sgocciolio di rubinetti, l'acciottolio di piattini e cucchiaini, l'odore fitto e nauseante dei latticini. Donne un po' sconsolate sedevano nella penombra con davanti una bottiglia di un quarto di litro e un cestino pieno di fettine di pane umide e molli o secche e rattrappite. Una luce velata, da sottoscala, entrava da qualche vetrata smerigliata che dava su interni pieni di panni stesi. Si vedeva, attraverso il vetro, il movimento minuto della strada, la bottega del pizzicagnolo, la caldarrostara imbacuccata alla cantonata accanto al fornelletto rovente delle castagne.

Nelle prime ore del pomeriggio giungevano nelle latterie tipi di intellettuali dell'epoca con le basette nere sul viso pallido e i capelli lunghi sul colletto. Sedevano deponendo un fascio di giornali vecchi sul tavolo, tiravano fuori cartelle e stilografiche e, ai margini del piccolo vassoio col latte, scrivevano articoli destinati ai settimanali illustrati. Quando soffiava la tramontana li si vedeva affrettarsi per le strade, col cappotto logoro incollato sulle gambe, tenendo stretti sotto l'ascella i loro appunti sulle abitudini dei cannibali, sulle bagnanti delle spiagge della Florida, o sui miliardari che prima facevano i lustrascarpe: correvano disperatamente lungo le strade battute dal vento gelido, una gocciolina appesa alla punta del naso, gli occhi bruciati dal vento, un pizzicore di geloni sulle punte delle dita. (*E. Patti—adapted*)

139

Mastro Decio lo vide entrare prima dal fornaio, poi dal pizzicagnolo; allora, passo passo, masticando la pipa, s'avviò verso casa con un vago desiderio di rivedere il fanciullo. Lo vide infatti uscire dalla botteguccia, attraversare la strada dritto verso l'osteria, e pensò:

'Due soldi di pane, due soldi di cacio e un soldo di vino. Ma dove dorme, accidenti alla ruggine?'[1]

Si vergognò di non avergli dato la mezza lira che gli aveva chiesta, e scotendo il capo disse per scusarsi:

'Per la mia ricchezza sono anche troppi cinque soldi: già non li vedo piú né i cinque soldi né il ragazzino.'

Ma provò dispetto di quel pensiero e grugní:

'Sono un pidocchio! Meglio che se li mangi alle mie spalle piuttosto che non averglieli dati.'

Allungò il collo per ficcar lo sguardo dentro l'osteria fosca, bassa, con tavole e pancacce allineate come i banchi d'una scuola. Vide il fanciullo nell'angolo, seduto presso la finestra tinta dell'ultimo rosseggiare del tramonto: aveva dinanzi un bicchiere di vino, un tozzo di pane, e una carta bianca spiegata. Mormorò: 'Povero nino!' E seguitò la sua strada.

Il ragazzetto lasciava penzolare le gambe, curvo, con gli occhi socchiusi e la testa ciondolante; era intontito; non aveva che un immenso bisogno: incrociare le braccia sulla tavola e posarvi sopra la fronte piena di sonno e di ronzii. Non aveva fame, anzi gli intorbidava lo stomaco un vago fastidio di nausea, tanto era stanco. Si scosse, si curvò verso il bicchiere, pian piano sbocconcellò il pane accompagnandolo parco col cacio pizzicante, e di tratto in tratto beveva un sorso come per aiutarsi a buttar giú delle pietre.[2] (*V. Brocchi*)

1. *accidenti alla ruggine* 'damn it all' 2. *a buttar giú delle pietre* 'to swallow stones'

140

Soltanto attraversare la piazza, percorrere il vicolo, e giungere fino al cancello: fu una piccola impresa. Affondava nella neve fresca e molle fino ai polpacci, non aveva scarpe adatte. Il vicolo era deserto e semibuio. Se non fosse stato per le musiche, le risate, le berciate e gli applausi che venivano dai televisori delle case lungo le quali stava camminando, avrebbe pensato di attraversare un paese abbandonato. Erano voci e suoni, o per lo spessore delle mura, o per la neve alta che copriva tutto, stranamente soffocati, come ovattati.

Quando fu in un viale del parco, si fermò. L'aria era ferma, tersa e gelida. Vicino, gli unici rumori erano, a quando a quando, gli scricchiolii dei rami che si spezzavano sotto il peso della nuova neve, e i tonfi soffocati che seguivano. Lontano, un fischio di treno in manovra; un rombo di autocarro. A poco a poco i suoi occhi si erano abituati all'oscurità. A parte alcune ombre nere e misteriose, sotto i gruppi più folti dei sempreverdi, pini cedri magnolie lecci, gli sembrava di vedere tutto come di giorno: soltanto senza colori.

Cominciò ad avanzare, adagio. Scorgeva, qua e là, le aiole: grandi cerchi dove la neve aveva una forma convessa. Scorgeva monticelli oblunghi dalle cui sommità affioravano le spalliere curve dei sedili di ferro. Poi una fontana gelata, un busto di pietra. E scorgeva soprattutto, in fondo, in un varco lasciato libero dai sempreverdi, la grande facciata grigia della villa. (*M. Soldati—adapted*)

141

Circa dodici anni fa avevo messo su per mio divertimento una specie di gabinetto di chimica, ove mi appassionavo a tentare esperienze col segreto proposito di trovare la sostanza di contatto tra il mondo fisico e il mondo spirituale. Un giorno, d'improvviso, me la trovai tra mano, quella sostanza: fu, ognuno lo capisce,[1] l'invenzione più miracolosa che possa immaginarsi. Era una polverina, che raccolta nel cavo della mano non seppi giudicare se fosse calda o fredda: era impalpabile e imponderabile, pure anche a occhi chiusi la mia mano la percepiva: era incolore e visibilissima. Mi dava, il tenerla a quel modo, una specie di ebbrezza: è da notare che l'ebbrezza è appunto la condizione intermedia, e come di contatto, tra la sensazione di una realtà fisica e lo stato d'animo puramente immaginativo.

Tale era quella sostanza, come subito intuii, e come potei riconoscere in breve, quel giorno stesso, per caso, lungo[2] una serie di fenomeni oltremodo curiosi che intorno a me si produssero, e che voglio raccontare per vedere chi ci crede.

Era d'estate, in un piccolo paese pieno di sole, che sta in mezzo a una pianura d'Italia.

Chiusi la polvere in una cartina, la misi nel portafogli. In questo atto m'accorsi che non avevo più danaro; ne cercai invano in tutte le mie tasche. Io non avevo ancora capito quali potessero essere gli effetti della virtù di quella polvere e immaginai rapidamente una serie d'esperienze costose per riconoscerli. Era mezzogiorno. Mi si imponevano dunque due problemi di natura finanziaria: trovare il danaro per andare a pranzo, e quello per fare le esperienze. Il secondo assorbiva il primo. Uscii di casa, nel sole, con la mia polvere in tasca. Le strade erano vuote. I miei passi risonavano sui lastrici battuti dalla fiamma del cielo. (*M. Bontempelli*)

1. *ognuno lo capisce* 'quite plainly' 2. *lungo* 'in the course of'

142

Nella notte è caduta un po' di neve, neppure un dito; ma ha già coperto la piazza d'armi. Rabbrividendo nelle giacche rattoppate, venditori di paste, noccioline, e tabacco di tanto in tanto spiano se arrivano i soldati, e sono contenti quando li vedono avanzar di lontano. I soldati cantano per segnare il passo, di tratto in tratto una tromba punteggia la loro canzone forte e ben cadenzata. Essi hanno le facce paonazze, gli occhi lustri e spaventati, camminano ancora goffi nei lunghi cappotti, ancora curvi sotto il peso del fucile e dello zaino di pelo. Son reclute.

Giunti in mezzo alla piazza, gli ufficiali affidano i plotoni ai caporali, poi si riuniscono in crocchio a fumare. E fumo esce anche dai camini, dai treni in corsa e dai forni delle fabbriche. Sulla strada passano i tranvai mattutini, carichi di operai. Dietro i vetri appannati si scorgono le ombre degli uomini, alcuni ancora pieni di sonno, che reclinano la testa su una spalla.

Un sottufficiale sta facendo impallidire e tremare sotto i suoi sarcasmi un plotone di reclute. Egli ha la faccia rossa dagli zigomi sporgenti, il naso grosso e schiacciato, gli occhi rotondi, verdognoli. Tiene le mani sui fianchi, e per gridare si curva, avanza la testa e il petto quadrato, pare un ariete pronto a lanciarsi contro quella spaurita falange. Urla da mezz'ora, ma quei poveracci non riescono a muoversi con disinvoltura. (*G. B. Angioletti—adapted*)

143

Un altro accesso di rabbia gli venne in treno, poco prima dell'arrivo in città, al ritorno dalla villeggiatura. Si era alzato assai presto e aveva mangiato in fretta, nella casa disfatta, fra i bauli e le valigie. Mentre inghiottiva una tazza di cattivo latte macchiato di surrogato di caffè, aveva udito la madre dirgli: 'Mangia, perchè il pranzo nei vagoni ristoranti è sempre molto tardi.' L'idea del pranzo nel vagone ristorante, in cui non era mai stato, gli era subito piaciuta. Gli era sembrato che avrebbe mangiato veramente di gusto seduto a uno di quei tavolini minuscoli che, talvolta, aveva intravveduto attraverso i finestrini in altri treni, durante le fermate nelle stazioni. Immaginava che il pane, la minestra e la carne avrebbero avuto altro sapore mangiati ad un tavolino vero, con vere posate servite da camerieri, mentre la campagna sfilava a rovescio[1]

1. *a rovescio* 'backwards'

sotto i suoi occhi, nella corsa imperterrita del treno. D'altra parte Luca era sensibilissimo alla considerazione della gente e al decoro formale della vita. Egli odiava con tutta la forza dell'animo i pasti consumati sulle ginocchia, negli scompartimenti, tra cartacce, scorze e rimasugli, con cibi freddi e unti cacciati a forza tra le valve delle pagnottelle[2] spaccate. Durante questi pasti c'era sempre qualcuno che, in attesa di recarsi al ristorante, guardava con aria di sufficienza e di disgusto alla famiglia curva sui cartocci. All'andata questo testimone non era mancato nella persona di una vecchia signora sdegnosa e ben vestita. Luca si era accorto di vergognarsi di mangiare e al tempo stesso di vergognarsi della vergogna. Tra questi sentimenti umilianti aveva appena toccato il cibo.

(*A. Moravia*)

2. *le valve delle pagnottelle* 'the oyster-like halves of the bread-rolls'

144

Eran venuti su per la buja, erta scaletta di legno; su, in silenzio, quasi di furto, piano piano. Il professor Sabato — tozzo pingue calvo — con in braccio un grosso fiasco di vino. Il professor Lamella, con due bottiglie di birra, una per mano.

E da più d'un'ora, su l'alta terrazza sui tetti, irta di comignoli, di fumajoli di stufe, di tubi d'acqua, sotto lo sfavillìo fitto delle stelle, parlavano di filosofia.

La notte era afosa, e il professor Sabato s'era dapprima snodata la cravatta e sbottonato il colletto, poi anche sbottonato il panciotto e aperta la camicia sul petto peloso: alla fine, nonostante l'ammonimento del Lamella: 'Professore, voi vi raffreddate', s'era tolta la giacca, e con molti sospiri, ripiegatala, se l'era messa sotto, per star più comodo su la panchetta bassa.

Teneva ciondoloni il testone raso, socchiusi gli occhi torbidi, venati di sangue, sotto le foltissime sopracciglia spioventi, e parlava con voce languida, velata, stiracchiata:

— Enrico, — diceva, — mi fai male . . . tanto male . . . . —

Il Lamella, biondino, magro, itterico, nervosissimo, stava

sdrajato su una specie d'amaca sospesa di qua a un anello nel muro del terrazzo, di là a due bacchette di ferro sui pilastrini del parapetto. Allungando un braccio, poteva prendere da terra la bottiglia: prendeva quasi sempre la vuota, e si stizziva; tanto che, alla fine, con una manata la mandò a rotolare sul pavimento in pendìo, con grande angoscia del professor Sabato, che si buttò subito per terra, gattoni, e le corse dietro per pararla, arrestarla:

— Per carità . . . sei matto? . . . giù parrà un tuono. —

(*L. Pirandello—adapted*)

145

Li seguirono attraverso il paese. L'orologio di Piazza Garibaldi suonò l'una dopo mezzogiorno. Quando furono al porto, videro gente alle finestre del casamento, gruppi di uomini e donne sulla diga e i clienti del caffè sulla porta. Ufficiali in uniforme bianca andavano, anch'essi, verso la diga, ma dopo il ponte entravano in un cancello guardato da due militari con la baionetta inastata. Una strada bianca di ghiaia fiancheggiata da giovani siepi di bosso, era stata aperta nella terra paludosa della riva, fino al capannone. Su quella strada, videro anche l'automobile degli aviatori che avevano mangiato nel ristorante sul mare, a Santo Stefano: un militare la puliva con un getto d'acqua. Oltre il cancello, insieme con gli ufficiali, c'erano molte donne: portavano cappelli di paglia a tese larghe bassi sugli occhi, e corti vestiti estivi sbracciati fino alle spalle. Davanti al capannone, si vedevano militari in divisa azzurra schierati con la fronte al lago e i fucili a piedarme.[1] Dappertutto c'era un gran movimento. Sulla diga, i ragazzi e le donne erano in prima fila e aspettavano. Dietro, a gruppo, stavano gli uomini, che di tanto in tanto davano un'occhiata al cielo.

Vennero dal Corso le autorità in divisa. Un'automobile le seguiva lentamente come a un funerale. Quando il gruppo entrò nel cancello, le sentinelle presentarono le armi, e, di

1. *i fucili a piedarme* 'standing at ease'

laggiú, dalla parte dei militari schierati, si fecero sentire tre squilli di tromba. Tacquero, e si udirono gli strumenti di una banda, che doveva essere anch'essa davanti al capannone, quasi sullo scivolo.[2] (*O. Cecchi*)

2. *sullo scivolo* 'on the slipway'

146

Dopo essere stato bracciante nell'America, divenne ora negoziante di generi misti. Egli mise il negozio in una parte del paese abitata dai contadini e dai mandriani, in alto. Quindici giorni dopo il suo arrivo, il pianterreno di una casupola era mobiliato con un lungo banco, uno scaffale dove avevano trovato posto i pacchi turchini di maccherone, la cotonina per le massaie, da un canto un barile di vino su due trespoli e un coppo d'olio. Accanto al banco era murata la cassaforte, in cui era il libro dei conti e lo scartafaccio delle merci vendute a credito, da pagarsi al tempo del raccolto. Il negozio acquistò lentamente l'aspetto di tutti i negozi, con l'odore delle merci, i segni fatti col gesso dalla moglie sulle pareti perchè non sapeva scrivere.

Lentamente le lunghe scarpe americane si erano aggrinzite ai piedi della moglie, la stoffa nuova che il marito aveva portato era andata a finire fra gli stracci, e soltanto il cappello duro di lui era quasi nuovo nell'armadio. I tappeti di tela cerata[1] erano stati dati in regalo alle famiglie importanti, e quanto alle penne stilografiche nessuno le aveva volute. Qualcuno le aveva rotte maneggiandole, e i pezzi stavano nella cassaforte. Il padrone della bottega aveva, in fondo, l'animo di un ragazzo, perchè pensava spesso che i pennini di quelle stilografiche erano d'oro, e li teneva cari come il ragazzo tien cara la stagnola delle cioccolate. (*C. Alvaro—adapted*)

1. *tela cerata* 'American cloth'

147

Di bòsco ne rimaneva bastante da pascere le pecore e da ingrassare, quando le ghiande non falliscono, i suini, di carne soda e saporita. E di gran pregio sono anche i formaggi pecorini, che si fanno di forma ovale, buoni freschi, appena abbucciati, companatico sostanzioso, secchi ma bene unti, per l'inverno. Ma il pane è il pane. E i brevi piani lungo il fiume, e le coste ripide, e i tràmiti[1] ricavati tra i sassi ricevettero il seme.

Come spiegare a questi contadini che, per quanto arino fondo, e concimino di sugo di stalla e di perfosfati, le loro terre daranno sempre un prodotto stentato a paragone delle terre piane, sciolte, da cereali? Che gli importa sapere che negli Stati Uniti, nel Canadà, pianeggiano provincie intere ondeggianti di spighe e che le macchine in un batter d'occhio, con pochi uomini seduti, le mietono, le trebbiano, pressano le paglie, insaccano senza fine chicchi d'oro brunito? Qualcuno di loro, fortunato prigioniero di guerra, avrà anche visto. Ma il pane certo per questi mangiatori di pane è quello che la loro fatica spreme dalle loro terre magre. Oggi, finalmente si batte.

Sospesi[2] fino all'ultimo momento se il trattore, la battitrice, il portapaglia[3] si sono mossi dal podere dove hanno battuto dall'alba. Fino a che le macchine non saranno in vista sulla strada maestra che accompagna il fiume, la massaia non ammazzerà i pàperi, i polli, i conigli destinati al pranzo dei battitori. Da settimane si scambiano le braccia da podere a podere: senza i macchinisti,[4] per la battitura, non basta una ventina di uomini, piú le donne in cucina e a portar acqua; la polla, che non è vicinissima, butta scarsa[5] di agosto. Cuoce la canicola, anche se, in altura, l'aria è leggera. (*G. Caprin*)

1. *tràmiti* 'sentieri' 2. *sospesi* 'they are on tenterhooks' 3. *il portapaglia* 'the waggon for the straw' 4. *senza i macchinisti* 'not counting the threshing-machine men' 5. *butta scarsa* 'is low'

148

Un'altra automobile di affitto ci aspettava. Anche il conducente non era quello di ieri, un vecchio cerimonioso compassato e servile come un maggiordomo, abituato a scorrazzare principi e americani e a dare, con modi officiosi, spiegazioni stereotipate su qualunque cosa gli si chiedesse. Quello di oggi era invece un giovane biondo, in maglietta, fiero della sua vecchia macchina sgangherata, e disposto ad aprirci il suo cuore con grazia infantile.

Avevo con me un simpatico compagno, valentissimo fotografo, armato di splendidi strumenti ed aggeggi; un piemontese robusto, calmo, abituato a girare il mondo e a non stupirsi di nulla. Aveva sentito del mio progetto di visitare una zolfara, e mi aveva chiesto di accompagnarmi.

Passammo per un rione popoloso. Qui ci circondò, tra festoni di panni stesi, una miriade di ragazzi; delle vecchie stavano sedute sulle soglie, con i lunghi pallidi visi smunti. Un barbiere, sotto una tenda tesa su un bastone, radeva, per la strada, i suoi clienti. Una donna gigantesca dentro una baracca fatta di legno e di latte di petrolio vendeva della frutta. Un bambino dagli occhi rotondi, che sembrava un ranocchio, cominciò a saltarci attorno, facendo boccacce, accucciandosi in terra e balzando per aria, per attirare la nostra attenzione.

Arrivammo poi alle periferie. Dietro trincee di stracci, sotto sipari di lenzuola e di camicie, i bambini e le donne occupavano i vicoli. In ogni porta c'era un artigiano che lavorava, circondato da stormi di bambini. (*C. Levi—adapted*)

149

Arrivai a Torino sotto l'ultima neve di gennaio, come succede ai saltimbanchi e ai venditori di torrone. Mi ricordai ch'era carnevale vedendo sotto i portici le bancarelle e i becchi incandescenti dell'acetilene, ma non era ancor buio e camminai dalla stazione all'albergo sbirciando fuori dei portici e sopra le teste della gente. L'aria cruda mi mordeva alle gambe e, stanca com'ero, indugiavo davanti alle vetrine, lasciavo che la gente mi urtasse, e mi guardavo intorno stringendomi nella pelliccia. Pensavo che ormai le giornate si allungavano, e che presto un po' di sole avrebbe sciolto quella fanghiglia e aperto la primavera.

Rividi cosí Torino, nella penombra dei portici. Quando entrai nell'albergo non sognavo che il bagno scottante e distendermi e una notte lunga. Tanto, a Torino ci dovevo stare un pezzo.

Non telefonai a nessuno e nessuno sapeva ch'ero scesa a quell'albergo. Nemmeno un mazzo di fiori mi attendeva. La cameriera che mi preparò il bagno mi parlò, china sulla vasca, mentr'io giravo nella stanza. Sono cose che un uomo, un cameriere, non farebbe. Le dissi di andarsene, che bastavo da sola. La ragazza balbettò qualcosa, fronteggiandomi, scrollando le mani. Allora le chiesi di dov'era. Lei arrossí vivacemente e mi rispose ch'era veneta. 'Si sente' le dissi 'e io sono torinese. Ti farebbe piacere tornare a casa?'

Annuí con uno sguardo furbo.

'Fa' conto allora ch'io qui torno a casa' le dissi, 'non guastarmi il piacere.' (*C. Pavese*)

150

Serafino ed io siamo amici; lui è autista di un industriale e io fotografo. Nel fisico siamo diversi: lui è un biondo ricciuto, con un viso rosa, da bambino; io bruno, con un viso serio, da uomo, e gli occhi infossati e scuri. Ma la vera differenza sta nel carattere: Serafino è un bugiardo e io invece le bugie non le so dire. Basta,[1] una di queste domeniche Serafino mi fece sapere che aveva bisogno di me: dal tono indovinai qualche pasticcio, Serafino ne combina spesso per la sua mania di spararle grosse.[2] Andai all'appuntamento, in un caffè; e di lì a poco, eccolo arrivare con la prima bugia: la macchina fuori serie, di gran lusso, del padrone che sapevo assente da Roma. Mi fece

1. *basta* 'anyway' 2. *spararle grosse* 'shooting off his mouth'

di lontano un gesto di saluto, proprio come se la macchina fosse stata sua e poi andò a parcheggiare. Lo guardai mentre mi veniva incontro, e, come lui sedette, osservai un po' acido: 'Sembri proprio un signore.'

Lui rispose con enfasi: 'Oggi *sono* un signore', e io lì per lì non capii. Insistetti: 'E la macchina? Hai vinto al totocalcio?'

'È la macchina nuova del principale', rispose lui: 'Senti, Mario, trappoco verranno due signorine . . . sono ragazze di buona famiglia, figlie di un ingegnere . . . non mi tradire.' Poi, tutto contento, disse: 'Eccole.'

Dapprima pensai che fossero gemelle perché erano vestite nello stesso modo: gonnella scozzese, maglietta nera e scarpette e borsetta rosse. Serafino, tutto cerimonioso, si alzò e fece le presentazioni. (*A. Moravia—adapted*)

151

C'è un 'complesso di superiorità', in noi italiani, che potremmo anche qualificare come legittimo vanto; senonchè la moda è quella di denigrarci, di trovarci carichi di difetti e di colpe, di compiacerci con sussiego ingenuo nel mettere a nudo le nostre tare. Chiamiamo dunque 'complesso di superiorità' questo nostro vanto, che non cessa per ciò di essere assolutamente lecito: questo specifico vanto italiano nasce dall'indiscussa priorità con cui fu affermata nella nostra penisola l'inaccettabilità della pena di morte. Il messaggio di Beccaria[1] rimane ben luminoso. La Gran Bretagna, uno dei Paesi-guida nella lotta per la libertà e per la dignità dell'uomo, è giunta solo adesso, dopo lungo travaglio, ad abolire il supplizio capitale. Era davvero tempo; il nostro, in proposito, è il compiacimento dei pionieri.

Non pensiamo che sia necessario spendere molte parole a illustrare i motivi per i quali la pena di morte è oggi più che mai inaccettabile: appunto perchè la vita umana è minacciata

1. *Beccaria* the marquis of Beccaria, author of the famous *Dei delitti e delle pene*, the book which began the movement for penal reform in eighteenth-century Europe

in molti modi cruenti, appunto perchè i mezzi potenziali di sterminio posseggono un potere di apocalisse, è giusto che lo Stato, custode delle speranze pacifiche, rinunci al castigo senza rimedio. Nessun orrore pareggia quello della condizione dell'uomo, criminale quanto si voglia, che attende di essere ucciso a norma di legge, secondo un cerimoniale burocratico, esatto. In nome della consapevolezza di questo orrore, a esorcizzarlo per sempre, le ultime resistenze britanniche sono state vinte. Il nostro voto, ovviamente, è che l'esempio della Gran Bretagna non cada invano.

Il nostro voto, in primissimo luogo, è che gli Stati Uniti d'America seguano questo esempio. Gli Stati Uniti d'America, pur nella contraddittorietà di certi loro sviluppi e travagli, costituiscono la forza che più poderosamente, più profondamente combatte per l'avvento dell'idea liberale nel mondo; l'abolizione della pena di morte è una tappa imprescindibile nell'itinerario della vittoria della democrazia e della civiltà.

152

Nei pomeriggi d'inverno il passante frettoloso, se guarda alla facciata dei palazzi, spenti e taciturni, può vedere un vecchio che gli rivolge dei segnali. Si ferma, cercando di riconoscere l'amico che lo saluta, ma il vecchio non è un amico e il gesto che fa non è di saluto.

Il vecchio è ravvolto in uno scialle, tiene il berretto con la visiera calcato sugli occhi, un puzzo di bruciato gli sale dai pantaloni ove ha distrattamente intascato la pipa accesa; è freddoloso; dappertutto sul suo corpo, al petto, fra la camicia e la maglia, nel giubbetto, ha nascosto medaglie e immagini di santi (una perfino nel berretto, e spesso gli rimane appiccicata sulla punta del cranio); suole avvicinarsi a una culla per strappare lo zucchero dalla zampina del pronipote, e s'allontana mentre la culla risuona di pianti.

L'età avanzata lo ha tolto dalle interminabili passeggiate per il corso principale, ove andava su e giù, balzelloni, come la scatola di latta presa a calci da un bambino o rotolata dal vento, e lo tiene tappato in casa da cinque anni.

Due o tre piccole manie fan ai vecchi, sino alla morte, la più fedele compagnia. La città, su cui al mattino gettano uno sguardo esile e incurioso, sarebbe per essi del tutto vuota se non sapessero che dietro la piccola finestra che guarda su un abbaino, vive un altro vecchio loro coetaneo, e che un secondo vive sotto un terrazzino palpitante di bucato.

(*V. Brancati—adapted*)